U0149097

京師大學堂

莊吉發著

文史哲學集成
文史哲出版社印行

國家圖書館出版品預行編目資料

京師大學堂 / 莊吉發著. -- 再版.-- 臺北市：
文史哲, 民 105.11
頁； 公分（文史哲學集成；692）
ISBN 978-986-314-337-6（平裝）

1. 京師大學堂 2.歷史

525.8211　　105021472

文史哲學集成 692

京師大學堂

著　者：莊　吉　發
出版者：文　史　哲　出　版　社
http://www.lapen.com.tw
e-mail:lapen@ms74.hinet.net
登記證字號：行政院新聞局版臺業字五三三七號
發行人：彭　正　雄
發行所：文　史　哲　出　版　社
印刷者：文　史　哲　出　版　社
臺北市羅斯福路一段七十二巷四號
郵政劃撥帳號：一六一八〇一七五
電話886-2-23511028・傳真886-2-23965656

定價新臺幣二八〇元

1970年（民五十九）九月初版
2016年（民一〇五）十一月再版

著財權所有・侵權者必究

ISBN 978-986-314-337-6　　00692

京師大學堂

前言

京師大學堂的前身是京師官書局，而官書局的前身則是京師强學會。本文的討論範圍，就是從强學會開始至民國成立後京師大學堂改爲北京大學爲止。本文撰寫的主要目的是在敍述京師大學堂的創立經過，教育宗旨，課程內容，學制系統，學生的來源與出身獎勵，訓導方針，以及經費設備等問題，並進一步分析「中體西用」的思想何以成爲清季創辦京師大學堂的理論基礎，且戊戌政變以後，清廷將「百日維新」以來的各種新政設施一一推翻，何以唯獨給京師大學堂留下發展的餘地？學校與科舉如何合而爲一？

清末民初之際，中國外受帝國主義的壓迫，內值中西思想的衝突，這正是新舊交替的過渡階段，教育制度是社會制度的上層結構，中英鴉片戰爭以後，中國的社會既已發生巨大的改變，其教育制度勢難再墨守舊規。另一方面要清季知識分子完全揚棄中國的價值系統，而全盤的接受西方的價值觀念，則又顯得更加困難，清季知識分子一方面向過去回顧，一方面向未來瞻望。他們既欲維護儒家的道統，同時又須博採實用的西學。因此，「中體西用」就成了清季知識分子接受西化的基本原則。

京師大學堂開辦以後，對於教育宗旨的頒佈，新學制的釐革，人事制度的建立，課程標準的制定等在在都能促進京師大學堂的發展。爲使從政人員具備現代國民的基本條件：通達時務；健全品格；强壯體魄，因此，京師大學堂的教育內容與訓導方針都特別强調智德體並重的通材教育，這就是新教育與舊教育在內容與方法上根本相異的地方。

京師大學堂在創辦之初，教育尙未普及。京師大學堂的學生來源多爲科舉出身的人才。同時，由於科擧尙未廢止，任官制度猶未建立，不得不沿用科擧掄才的成規，使學校與科擧並行不悖。學堂畢業的學生給予實官獎勵，分等錄用，一方面是在放寬仕進之途，另一方面却藉以開通教育風氣。

京師大學堂的訓導目標旣在培養學生明體達用的忠愛精神，光緒二十九年（一九〇三）四月間京師大學堂學生所發起的拒俄運動，就是學生忠君愛國的具體行動。京師大學堂的教育精神既帶有救亡圖存的性質，因此，京師大學堂的創辦，在淸季教育改革運動中就顯得特別的重要。

京師大學堂

目次

第一章　創立經過

第一節　思想背景

「中體西用」是清季創辦京師大學堂的理論基礎。

中英鴉片戰爭（一八四〇——一八四二）以後，國人震於西方的船堅礮利，爲師夷之長技以制夷，於是漸漸產生一種「中學爲體，西學爲用」的理論。（註一）當時的一般知識分子都認爲西人所擅長的不過是機械製造而已，中國的政教制度，風俗習慣，無不優於西人。如以中國倫常名教爲本，輔以諸國富强之術，始則師而法之，繼則比而齊之，最後必能駕而上之。（註二）

同治初年，王韜以爲中西學術的主要區別在「道」與「器」：

「形而上者中國也，以道勝；形而下者西人也，以器勝。如徒頌西人，而貶己所守，未窺爲治之本原者。」（註三）

光緒十八年（一八九二）鄭觀應對中西學術的態度，則提出本末主輔的看法：

「善學者，必先明本末，更明大本末，而後可言西學。分而言之，如格致製造等學其本也。主以中學，輔以西學，知其緩急，審其變通，操縱剛柔，洞達政體，教學之效，其在茲乎。」

（註四）

近人東京大學教授加藤常賢等對「中體西用」論的緣起，認爲是同光年間西法模仿時期，維新人物爲了要說服守舊派而建立的中西調和論：

「中學者，卽孔子之道，爲融貫古今中外擧世無雙之精神文明。此實學問道德之根柢，故須固守不渝。至如機械之西方物質文明，雖爲富國强兵所不可或缺，然非永恒不變之道，僅止於有利用價值耳。此顯係當時維新派之官僚輩爲推行洋務運動，欲合理說服反對派所建立之理論，實非僅爲一時權宜之計。由此，可反映出當時知識分子對儒家信仰之根深蒂固。」（註五）

主持洋務運動者，有了「中體西用」的理論武器，以抗拒守舊派的攻擊，因此，一方面爲了富國强兵，可以採納西方近代科學技術；另一方面爲了維護中國的道統，對儒家信仰抱着絕對服膺的態度。「中體西用」就成了清季知識分子接受西化的公式。但當時一般知識分子對西方文明的認識，僅止於器物一層，故同光年間興辦學堂的動機，完全是爲軍事起見，或爲造就繙譯通使人才起見。（註六）實無意採取西方教育制度以代替中國舊式教育制度。京師同文館，各省廣方言館，水師武備學堂，自强學堂等雖爲清季設立新式學堂的濫觴，惟其於西學範圍，不過粗習皮毛而已。鄭觀應曾論其得失云：

「同文館雖羅致英才，聘西教習，要亦不過祇學言語文字。若夫天文、輿地、算學、化學、

直不過粗習皮毛而已。他曰水師武備學堂，謹設於通商口岸，爲數無多，且皆未能悉照西法認眞學習。」(註七)

光緒二十二年（一八九六）五月，刑部左侍郎李端棻亦指出諸館設立二十餘年，而國家不一收奇才異能之用，其主要原因便是「諸學徒習西學、西語、西文，而於治國之道，富强之原，一切要書，多未肄及。」(註八)京外各學堂，旣囿於一材一藝，斤斤於語言文字，卽稍有成就，多不明大體，先厭華風，故辦理垂數十年，欲求一緩急可恃之才，而竟不可得。

鴉片戰爭，中國因不知敵之强而敗；甲午戰爭（一八九四），中國則因不知敵之所以强而敗。同光年間，中國知識分子對於新政認識不足。中西接觸旣以兵戎相見，主持洋務者，僅知西器可用，西技當師，以「堅船利礮」爲西人富强之由，而不知政敎制度才是西人富强的基礎。甲午戰爭，堂堂天朝，竟敗於蕞爾小島的日本。洋務運動旣受了挫折，爲洋務運動作支柱的「中體西用」的思想基礎其意義亦隨之轉變。光緒二十二年（一八九六）正月，貴州學政趙惟熙於「請開設譯書公局疏」中，已指出西人富强之原，不僅在兵事一門：

「局譯之本，多專重兵事一門，不知泰西之政藝各學，整齊畫一，釐然秩然，實得我古先聖王遺意。至兵之一說，乃不得已而用之。西人之所以富，所以强，全不繫此。不本之務，惟末是圖，卽使果能勝，而兵凶戰危，所傷實多，故譯書當以政學爲前，藝學爲次。」(註九)

甲午戰後，由於「中體西用」論在意義上的轉變，西學的範圍，已遠較洋務運動時期李鴻章等輩所主張的更爲廣泛。在教育思想方面亦從以實用爲主的西藝教育思潮，轉變爲以制度爲重的西政教育思潮。梁啓超認爲政藝之學，難易不同，緩急有別：

「無徒重西文教習，而必聘通儒爲華文教習，以立其本；無僅學西文，而必各持一專門之西學，以致其用，斯二義者立，夫乃謂之學。今日之學，當以政學爲主義，以藝學爲附庸。政學之成較易，藝學之成較難；政學之用較廣，藝學之用較狹。使其國有政才而無藝才也，則行政之人，振興藝事直易易耳。」(註一〇)

張之洞亦認爲如政治之學不講，則工藝之學不得而行，因此在教育上主張政藝兼學：

「學校地理、度支、賦稅、武備、律例、勸工、通商，西政也；算、繪、鑛、聲、光、化、電，西藝也。才識遠大而年長者宜西政；心思精敏而年少者宜西藝。小學堂先藝而後政，大中學堂，先政而後藝。西藝必專門，非十年不成；西政可兼通數事，三年可得要領。大抵救時之計，謀國之方，政尤急於藝。然講西政者，亦宜略考西藝之功用，始知西政之用意。」(註一一)

甲午戰爭以後，中國知識分子對「中體西用」的看法，雖仍主本末主輔或內外新舊之分。(註一二)但都以融貫中西學術，調和新舊思想爲宗旨，他們對西學的態度，已由等量齊觀，進而求中西學術的會通。光緒二十二年（一八九六），軍機大臣等於「遵籌開辦京師大學堂疏」中指出中國知識分子於中西學術不能會通之弊云：

「治中學者，則絕口不言西學；治西學者，亦絕口不言中學，此兩學所以終不能合轍，徒互相詬病，若水火不相入也。夫中學體也，西學用也，二者相需，缺一不可，體用不備，安能成才？」(註一三)

光緒二十三年（一八九七），掌山東道監察御史宋伯魯亦云：

「竊維中國人才衰弱之由，皆緣中西兩學不能會通之故。故由科擧出身者，於西學輒無所聞知；由學堂出身者，於中學亦茫然不解。夫中學體也，西學用也。無體不立，無用不行，二者相需，缺一不可。」(註一四)

質言之，應消泯中西的界限，化除新舊的門戶，體用並擧，不使偏廢。

清季知識分子爲說明今日的西學，乃是中學流入西土後，西人踵而行之，推陳出新，故能擅名異域，於是又提出「西學源出中國說」，其宗旨則欲以中國固有之學，還之於中國。此種中西學術的同源異派合流的理論，更易爲當時知識分子所樂於接受。同治初年，恭親王奕訢於「酌議同文館疏」中已發其端：

「查西說之源根，實本於中術之天元，彼西士目爲東來法，特其人性情縝密，善於運思，遂能推陳出新，擅名海外耳。其實法固中國之法也，天文、算學如此，其餘亦無不如此。中國創其法，西人襲之。中國儻能駕而上之，則在我既已洞悉根源，遇事不必外求，其利益正非淺鮮。」(註一五)

光緒二十二年(一八九六)正月，總理衙門於「議覆籌設官書局疏」中，對「西學源出中國說」，更是娓娓言之：

「西人之學，無不以算學為隱括。西算之三角，與中算之句股，理無異同。周髀經曰：『圜出於方』。又曰：『方數為典，以方出圜』。言圜之不可御而馭之以方。西人三角八線之法，實基於此。餘若天學、化學、氣學、光學、電學、礦學、兵學、法學、聲學、醫學、文學、製造等學，皆見中國載籍。試取管、墨、關、列、淮南諸書，以類求之，根源具在，可知西學者，中國固有之學，西人踵而行之，所謂禮失而求諸野耳。」(註一六)

光緒二十一年(一八九五)，嚴復發表「原强」一文，以物競、天擇二篇尤為著稱，開始有系統的介紹達爾文(Charles Darwin 1809–1882)的「物種由來」(Origin of Species)的學說。次年復譯赫胥黎(T. H. Huxley 1825–1895)的「天演論」(Evolution and Ethics)。達爾文以萬物為一本，始於同，而終於異。赫胥黎的天演論，其思想卽導源於達爾文，赫氏謂天演云：

「天運變矣，而有不變者行乎其中，不變惟何？是名天演。以天演為體，而其用有二：曰物

競，曰天擇，此萬物莫不然，而於有生之類爲尤著。」（註一七）

其後，斯賓塞（Spencer Herbert 1800–1903）引用演化論的觀點以解釋人類社會現象。比及演化論的思想盛行於中國後，淸季知識分子復引用演化論來說明自强之道。同時，今文學家復引用演化論以說明「通三統」與「張三世」的思想。所謂「通三統」，卽夏商周三代不同，當隨時因革。所謂「張三世」，卽據亂世、升平世、太平世，愈改而愈進。其思想正符合演化論的變異法則，這就是康有爲等輩主張變法維新的理論基礎。（註一八）大抵據亂世競力，升平世競智，太平世競德。易言之，據亂世是以力服人。升平世是以智服人，太平世是以德服人。洋務運動時期的軍事建設，是競力的表現，甲午戰爭以後的敎育改革則是競智的表現。「智」既可以勝「力」，欲保種保敎必先開民智，方足以言自强。這就是甲午戰爭以後，淸廷鑒於軍事改革的失敗，轉而嘗試從改革敎育入手以圖富强的主要原因。皮鹿門於「論保種保敎均先開民智」一文論之極詳：

「數十年來，紅種、黑種之人，日少一日，惟白種人獨盛。所以各種皆微，而白種獨盛者，由於强弱不同，實由智愚迥異。紅種、黑種皆野蠻不知學問，雖性獷悍，能以力强，不能以智强，故雖竭力與白種爭，終爲白種之所剪滅。强以智，不强以力。如徒以力强而已，牛馬有力，而爲人服役；虎豹尤强，而爲人擒獲。其所以爲人服役，爲人擒獲者，由無智也。」（註一九）

演化論風靡中國以後，更加深了清季知識分子對「中體西用」的根深蒂固的信仰，進一步提供可變的法則，此卽道不可變，法則必變的思想，很快的成為當時知識分子的共通觀念，以道為體，以法為用。中學固有中學之體用，西學亦有西學之體用。皮鹿門論之尤詳：

「蓋千古不易者道也，歷久必變者法也。道與法判然為二，非可并為一。讀禮記大傳曰：『權度量，考文章，改正朔，易服色，殊徽號，異器械，別衣服，此其所得與民變革者也；其不可得變革者則有矣，親親也，尊尊也，長長也，男女有別，此其不可得與民變革者也。』子曰殷因於夏禮，所損益可知也；周因於殷禮，所損益可知也。朱注曰所因謂三綱五常，所損益謂文質三統，此等道理，亘古今，通中外，未有能易者。」（註二〇）

「中體西用」的觀念，雖然發軔於鴉片戰爭，但其盛行却在甲午戰爭以後。「中體西用」的界說，雖然互不一致，但已成為清季知識分子的共通觀念，則彰明昭著。「中體西用」遂成為清季創設新式學堂，訂定宗旨，確立學制，頒佈課程，編纂教材的思想基礎。京師大學堂就是直接承受當時「中體西用」的教育思潮而創立的。京師大學堂新舊兼學，政藝並重，中西教習濟濟一堂，中西課程同時並立，這就是「中體西用」教育思想的具體表現。

第二節　緣起與定議

清季於京師創立大學堂，係就官書局推廣而來，官書局的前身則爲京師强學會。(註二一)光緒二十一年（一八九五）三月，中日議和時，適爲會試年，各省舉人齊集京師。康有爲倡議上書拒簽和約，於四月初八日遞呈都察院，是爲「公車上書」。因言論激切，廷臣拒不代奏。馬關和議甫定，康有爲適登進士，授職工部主事。閏五月初八日，康有爲復上書主張變法，工部堂官皆不以爲然，置之不問。康有爲深慨國內風氣閉塞，廷臣守舊，阻撓新政，爲提倡新學，開通風氣，乃轉而欲倡導於下，以喚起國民的議論，振奮國民的精神，於是捐資集股，在京師創辦萬國公報，每日刊送二千份。同年七月，康有爲與文廷式、陳熾諸人議設强學會於京師後孫公園。(註二二)會員百數十人，京朝士大夫自尙書、侍郎以至翰林、科道中有志維新者，如孫家鼐、李端棻、徐致靖、張蔭桓、楊深秀等人皆名列會籍。(註二三)會中購置圖書儀器，資人觀覽，以期輸入世界知識於國民。會員每十日集會一次，除講學而外，兼以議政，故强學會實兼學校與政黨兩種性質。(註二四)强學會內部組織，有董事、提調、會辦、坐辦等名目，由開辦人內公推。(註二五)其任務可分爲五大端：㈠譯東西文書籍；㈡刊布新報；㈢開辦圖書館；㈣設博物儀器院；㈤建立政治學校。因此，清廷視之爲强學書局。(註二六)同年九月，復設强學分會於上海，推張之洞爲會長。(註二七)强學會成立時，康有爲曾撰序文云：

「俄北瞰，英西睒，法南瞵，日東眈，處四强鄰之中而爲中國，岌岌哉！況磨牙涎舌，思分其餘者，尙十餘國。遼台茫茫，回變擾擾，人心皇皇，事勢儳儳，不可終日。昔印度，亞洲之名國也，而守舊不變。乾隆時英人以十二萬金之公司通商而墟五印矣。昔土耳其，回部之大國也，疆土跨亞歐非三洲，而守舊不變，爲六國執其政，剖其地，廢其君矣。其餘若安南，若緬甸，若高麗，若琉球，若暹羅，若波斯，若阿富汗，若俾路芝，及國於太平洋羣島非洲者，凡千數百計，今或削或亡，擧地球守舊之國，蓋已無一瓦全者矣。我中國孱臥於羣雄之間，鼾寢於火薪之上，政務防弊而不務興利，吏知奉法而不知審時，士主考古而不主通今，民能守近而不能行遠。孟子曰：『國必自伐，而後人伐之。』蒙盟、奉吉、青海、新疆、衞藏土司，圉徼之守，咸爲異墟，燕齊閩浙江淮楚粵川黔滇桂膏腴之地，悉成盜糧，吾爲突厥黑人不遠矣。西人最嚴種族，仇視非類。法之得越南也，絕越人科擧富貴之路，昔之達官，今作貿絲。英之得印度百年矣，光緒十五年而始擧一印人以充議員，自餘土著，畜若牛馬。若吾不早圖，倏忽分裂，則桀黠之輩，王謝淪爲左衽，忠憤之徒，原却夷爲皂隸，伊川之髮，騈闐於萬方，鍾儀之冠，蕭條於千里，三州父子，分爲異域之奴，杜陵弟妹，各銜鄉關之感，哭秦庭而無路，餐周粟而匪甘，矢成梁之家丁，則螳臂易成沙蟲，覓泉明之桃源則寸埃更無淨土，肝腦原野，衣冠塗炭，嗟吾神明之種族，豈可言哉！夫中國之在大地也，神聖繩繩，國最有名，義理制度文物，駕於國溟，其地之廣於萬國等在三，其人之衆等在一，其緯度處溫帶，其民聰而秀，其士腴而厚，蓋大地萬國未有能比者也，徒以風氣未開，人才乏絕，坐受凌侮。昔曾文正與倭文端諸賢講學於京師，與江忠烈，羅忠節諸公講練於湖湘，卒定撥亂之功，普魯士有强國之會，遂報法仇，日本有尊攘之徒，用成維新。蓋學業以講求而成，人才以摩厲而出。合衆人之才力，則圖書易庀，合衆人之心思，則聞見易通，易曰君子以朋友講習，論語曰百工居肆以成其事。君子學以致其道，海水沸騰，耳中夢中，礮聲隆隆，凡百君子，豈能無淪胥非類之悲乎？圖避謗乎閉戶之士哉，有能來言尊攘乎？豈惟聖清二帝三王孔子之教，四萬萬之人將有託耶。」（註二八）

當時因士風未伸，嫉視新學，聞聲震駭，目爲叛逆。光緒二十一年（一八九五）十一月，御史楊崇伊奏劾康有爲等在京師「私立會黨，顯干例禁」，請旨查封，强學會終爲步軍統領所封禁，所有書籍儀器盡括而去。

强學會雖遭封禁，然自此以往，興學育才的風氣日盛，民智漸開。光緒二十一年（一八九五）十二月二十二日，御史胡孚宸以書局有益人才，奏請解禁，其原奏稱：

「京師近日設有强學書局，經御史楊崇伊奏請封禁，在朝廷預防流弊，立意至爲深遠。惟局中所儲藏肄習者，首在列聖聖訓及各種政書，兼售同文館，上海製造局所刻西學諸書，繪印輿圖，置備儀器，意在流通秘要圖書，考驗格致精蘊。所需費用，皆係捐資集股，絕無迫索情勢，所刻章程、尙無疵謬，此次封禁，不過防其流弊，並非禁其嚮學，倘能廣選才賢，觀摩取善，此日多一讀書之士，他日卽多一報國之人，收效似非淺顯。」(註二九)

御史胡孚宸奏准解禁後，卽將前查抄强學會的書籍儀器發還。經總理各國事務衙門大臣議奏，援照八旗官學成例，就强學會改建官立書局，延聘通曉中西學問的西人爲敎習，常川駐局，專司選譯書籍、報紙，並指授各種西學，其所需經費，由總理各國事務衙門於出使經費項下，每月提撥銀一千兩，以備購置圖書、儀器、各國新聞紙及敎習、司事、繙譯支付薪津等用。光緒二十二年（一八九六）正月二十一日，派工部尙書孫家鼐爲管理書局大臣。(註三〇)孫家鼐督辦官書局後，卽與原辦書局諸臣，悉心籌劃，草擬開辦章程，於光緒二十二年（一八九六）二月十一日，議定章程七條，奉旨遵辦，此七條章程實係創辦京師大學堂的藍圖，其要點如下：

第一條：藏書籍。擬設藏書院，尊藏列朝聖訓，欽定諸書及各衙門現行則例，各省通志，河漕鹽釐各項政書，並請准其咨取儲存庋列，其古今經史子集有關政學術業者，一切購置院中，用備留心時事，講求學問者，入院借觀，恢廣學識。

第二條：刊書籍。擬設刊書處，譯刻各國書籍。舉凡律例、公法、商務、農務、製造、測算之學，及武備、工程諸書，凡有益於國計民生與交涉事件者皆譯成中國文字，廣爲流布。

第三條：備儀器。擬設游藝院，廣購化學、電學、光學諸新機，礦質、地質、動物、植物各異產，分別部居，逐門陳列，俾學者心摹手試，考驗研求。
第四條：廣敎肄。擬設學堂一所，延精通中外文理者一人爲敎習，凡京官年力富强者，子弟之資性聰穎，安祥端正者，如願學語言文字及製造諸法，聽其酌出學資，入館肄習。
第五條：籌經費。原辦零星招股，過於冗碎，遵照原奏，概行停止。其慕義樂輸捐助鉅欵者，按例酌核收納，並就現有經費，次第興辦。
第六條：分職掌。庶心志專一，可期日起有功，所有在局辦事諸臣職名，另行開呈御覽。
第七條：刋印信。擬刻一木質關防，文曰管理官書局大臣之關防，凡向總理衙門領取經費，及有行文事件，卽以此爲憑信。(註三一)

官書局開辦後，卽積極向各處咨取書籍，譯印報章，惟其苦於經費的短絀，租賃民房，諸多不便，規模未備，成效不著，開辦經年，僅能「略添儀器，訂購鉛機，蒐求圖書，採摭郵電而已。」(註三二)

京師官書局旣經奉准辦理，光緒二十二年(一八九六)五月初二日，刑部左侍郎李端棻於「推廣學校以勵人才一摺」，奏請在京師建立大學堂，卽欲推廣官書局興學育才的本意，京師大學堂的正式議設，實始於此摺。(註三三)李端棻主張自京師以及各省府州縣皆設學堂，關於京師大學一項，其原奏稱：

「京師大學選舉貢監生年三十以下者入學，其京官願學者聽之，學中課程一如省學，惟益加專精，各執一門，不遷其業，以三年爲期。其省學大學所課，門目繁多，可仿宋胡瑗經義治事之例，分齋講習，等其榮途，一歸科第，予以出身，一如常官，如此則人爭濯磨，士知嚮往，風氣自開，技能自成，才不可勝用矣。」（註三四）

至於所需經費，李端棻奏請酌動帑藏，每年約需十餘萬。其所需教習，或就地延聘，或考試選補。此外，爲廣開風氣，李端棻又主張設立藏書院儀器院、譯書局、廣立報館及選派游歷。李端棻以爲「既有官書局，大學堂以爲之經，復有此五者以爲之緯，則中人以上，皆可自勵於學，而奇才異能之士，其所成就益遠且大，十年以後，賢俊盈廷，不可勝用矣。」（註三五）

甲午戰爭以後，朝野知識分子深慨時事多艱，人才凋乏，始恍然於從前模仿西法的不得其本，於是紛紛主張興學育才，這才是變法自強的本計，安內攘外的基礎。因此，推廣學堂，創辦新式學堂就成爲一種風氣。光緒二十二年（一八九六）七月十三日，總理衙門議覆李端棻推廣學校摺稱：

「該侍郎所請於京師建立大學堂，係爲擴充官書局起見，應請旨飭下管理書局大臣，察度情形，妥籌辦理。」（註三六）

至李端棻所請設藏書樓、儀器院、譯書館、報館及派遣游歷五節，亦奉准於新立學堂中，兼舉並行。

清季在京師議設新式大學堂是各國通商以來僅有的創舉。京師是首善地區，尤爲中外觀瞻所繫，自不能因陋就簡，草率開辦。管理官書局大臣孫家鼐奉命負責籌劃以來，卽悉心妥議，臚列六款：先定宗旨；速造學堂；學問分科；訪求教習；愼選生徒；推廣出身，是爲開辦京師大學堂的當前急務。(註三七)

京師大學堂雖屢經大臣妥籌議奏，但事屬創始，無成例可循，且廷臣守舊，恭親王、剛毅等都主張暫緩辦理，臣僚更是因循推諉。因此，京師大學堂的開辦，雖疊奉明詔，仍束諸高閣。況淸季興學是迫於外患，外力的壓迫減弱以後，推廣學堂的建議也就事過境遷。及德人割據膠州，俄人窺伺旅大，朝野鑒於弱肉强食的危機，不變法自强則將有亡國滅種之虞。德宗銳意圖强，諭旨數下，催辦京師大學堂，以爲各行省的表率。光緒二十四年(一八九八)正月二十五日，御史王鵬運復奏請開辦京師大學堂，德宗命軍機大臣，會同總理各國事務衙門王大臣妥議開辦詳細章程。四月二十三日，德宗於「定國是」詔中云：

「數年以來，中外臣工講求時務，多主變法自强，邇者詔書數下，如開特科，裁冗兵，改武科制度，立大小學堂，皆經再三審定，籌之至熟，甫議施行。惟是風氣尚未大開，論說莫衷一是，或託於老成憂國，以爲舊章必應墨守，新法必當擯除，衆喙嘵嘵，空言無補。試問今日時局如此，國勢如此，若仍以不練之兵，有限之餉，士無實學，工無良師，强弱相形，貧富懸絕，豈眞能制梃以撻堅甲利兵乎？朕惟國是不定，則號令不行，極其流弊，必至門戶紛爭，互相水火，徒蹈宋明積習，於時政毫無裨益，卽以中國大經大法而論，五帝三王，不相沿襲，譬之冬裘夏葛，勢不兩存。用特明白宣示，嗣後中外大小諸臣，自王公以及士庶，各宜努力向上，發憤爲雄，以聖賢義理之學，植其根本，又須博採西學之切於時務者，實力講求，以救空疏迂謬之弊，專心致志，精益求精，毋徒襲其皮毛，毋競騰其口說，總其化無用爲有用，以成通經濟變之才。京師大學堂爲各行省之倡，尤應首先舉辦，著軍機大臣，總理各國事務王大臣，會同妥速議奏。」（註三八）

所謂「百日維新」實基於此詔，「中學爲體，西學爲用」的理論，亦正式見於此詔。五月初八日，復命軍機大臣、總理各國事務王大臣會同妥議詳細章程，迅速覆奏，毋稍遲延。總署乃「查取東西洋各國學校制度，暨各省學堂現行章程」，（註三九）斟酌損益，草定章程八十餘條，繕單呈覽。其原疏列舉應辦事項爲四端：㈠寬籌經費；㈡宏建學舍；㈢愼選管學大臣；㈣簡派總教習。至其詳細章程對於立學宗旨，學堂功課，學生入學、學成出身，聘用教習，行政組織及學堂經費等均有明確規定。（註四〇）五月十五日，奉諭准照所議辦理：

「京師大學堂爲各行省之倡，必須規模宏遠，始足以隆觀聽而育英才。現據該王大臣詳擬章程，參倣泰西學堂，綱擧目張，已屬周備，卽著照所擬辦理。派孫家鼐管理大學堂事務，辦事各員，由該大臣愼選奏派，至總教習總司功課，尤須選擇學賅中外之人，奏請簡派。其分教習各員，亦一並精選，中西並用。所需興辦經費及常年款項，著戶部分別籌撥，所有原設官書局及新設譯書局均幷入大學堂，由管學大臣督率辦理。」(註四一)

此諭正式批准了草擬的大學堂章程，任命了孫家鼐爲管理大學堂事務大臣，其開辦經費及常年款項也有了著落，醞釀多年的京師大學堂至此始正式定議。

第三節 正式開辦

京師大學堂的籌辦既已定議，興建校舍就成了當前急務。光緒二十四年（一八九八）五月十六日，清廷命慶親王奕劻、禮部尚書許應騤會同管理建設大學堂工程事務。(註四二)六月初二日，奕劻、許應騤乃擇定景山下地安門內馬神廟地方四公主府第(註四三)作爲大學堂校址，由軍機處咨請內務府大臣量爲修葺撥用。(註四四)六月十七日，命孫家鼐妥議大學堂章程，尅期具奏。孫家鼐於籌辦大學堂大概情形一摺中，復擬新定章程八條：㈠擬立仕學院；㈡寬籌出路；㈢變通中西學分門；㈣出身名器宜愼；㈤譯書宜愼；㈥擬設西學總教習；㈦專門西教習薪水宜從優；㈧膏火宜酌量變通。惟房舍一日不交，卽學堂一日不能開辦。孫家鼐所擬的新章程，與前擬辦法間有變通之處，縷晰條分，尙屬周備。六月二十二日，奉朝旨卽照新擬各節認眞辦理，以專責成。其學堂房舍，則命內務府尅日修理，移交管理大學堂大臣，以便及時開辦，並賞給丁韙良（W. A. P. Martin）二品頂戴，派充西學總教習。（註四五）七月十四日，候補學正黃贊樞上條陳請裁撤同文館併入大學堂。孫家鼐會同總理各國事務王大臣覆議具奏稱：

「査同文館規模較大，經始甚難。現京師大學堂開課需時，未便將該館先行裁撤，應俟大學堂規制大定，再行査酌辦理。」（註四六）

七月二十四日，因孫家鼐奏請添設醫學堂，奉准設立，以考求中西醫理，並歸大學堂兼轄。大學堂卽將開辦，報名投考者極爲踴躍。學生原定額數爲五百名，另附小學堂八十名，但據「戊戌履霜錄」云：「京外官投名願附學者踰七百人，學堂不足以容。」（註四七）「國聞週報」亦稱：「査得七月間，赴堂投名願爲肄業生者，約有千餘人。」（註四八）

德宗自下「定國是」詔後，雷厲風行，推動新政，不遺餘力，大學堂的開課已指日可待，但因八月初六日，政變突作，朝局更動，西后垂簾，窮捕維新志士，以新政「此滅彼增，轉多周折，不若悉仍其舊。」（註四九）新政既無裨治道，徒惑人心，悉被推翻。大學堂因萌芽較早，規制已定，外洋各教習，又均已延定，勢難中止。八月十一日諭：

「大學堂爲培植人才之地，除京師及各省會，業已次第興辦外，其餘各府州縣議設之小學

堂，著該地方官，斟酌情形，聽民自便。其各省祠廟，不在祀典者，苟非淫祠，著仍其舊，毋庸改為學堂。」(註五〇)

戊戌政變以後，大學堂雖蒙朝旨准予保留，然維新人才多因新政株連，或被革職，或遭誅戮，人亡政廢，徒法不行。康有為、梁啓超因「結黨營私，莠言亂政」，均被革職拿辦。禮部尚書李端棻，因「濫保匪人」，被革職遣戍新疆。署禮部右侍郎徐致靖，因「奏定國是，廢八股，條陳新政」，被革職下獄永禁。內閣學士張百熙因保奏康有為，「荒謬已極」，被革職留任。御史宋伯魯主張新政最力被革職永不敘用。康廣仁、楊深秀、楊銳、林旭、劉光第、譚嗣同六人，因「參預新政，同奏密詔，大逆不道」，皆被棄市。(註五一)新政既被推翻，維新人才復被摧殘殆盡，大學堂在事諸人，遂覺意興索然。至本年十月初，各處雖紛紛張貼告示，通告從前報名學生取具同鄉官印結，限期赴堂投考，但其應試學生，不過百餘人而已。其入學考試係用八股文，策論各一篇。(註五二)

至於京師大學堂開辦的日期，究竟應該在那一天？則說法不一。據京師大學堂師範館第三類畢業生鄒應憲的猜測：現行國立北京大學校慶紀念日，卽十二月十七日，可能是京師大學堂經過拳匪之亂停辦兩年後，於光緒壬寅（一九〇二）年重新開學的日期，而非光緒戊戌（一八九八）年京師大學堂創辦的紀念日，戊戌開辦的日期可能已無從查考了。(註五三)此一假設，經胡適之先生的考訂，北京大學幾十年來沿用的校慶紀念日，確是壬寅（一九〇二）年京師大學堂經拳亂後的復校紀念日，而不是戊戌（一八九八）年京師大學堂創立的日期。胡適之先生在「京師大學堂開辦的日期」一文中列舉三個日期似均可定爲京師大學堂的成立紀念日：

㈠戊戌五月十五日（一八九八年七月四日），大學堂章程成立，任命孫家鼐爲管理大學堂事務大臣。

㈡戊戌六月初二日（一八九八年七月二十日），批准撥馬神廟四公主府爲大學堂校址。

㈢戊戌十月二十日（一八九八年十二月三日），京師大學堂在困難的政治環境裏開學。

京師大學堂在戊戌五月十五日雖有了批准的章程，與第一任的管學大臣；六月初二日，雖奉旨允准撥用馬神廟四公主府爲大學堂校址，但內務府修葺校舍迄未移交，所以大學堂開課還得「需時」。（註五四）「德宗景皇帝實錄」卷四三二，頁七云：「戊戌十月」庚子（十月二十日），協辦大學士孫家鼐奏開辦京師大學堂。報聞。」胡適之先生據此條上諭考訂的結果，認爲「這二十個字使我們知道那個籌備了許久的京師大學堂居然在十月二十日開學了。」（註五五）此一考訂，使鄒應憲先生認爲京師大學堂在戊戌（一八九八）年已無從查考的開辦日期，已獲得初步的答案。但是，十月二十日是頒佈上諭的日子，不能斷然確定它就是京師大學堂正式開學的日期。查光緒二十八年（一九〇二）冬，京師大學堂復校時，在十一月十七日亦有上諭云：「管學大臣張百熙奏，大學堂定期在本月十八日開學，先辦速成一科，並購地建造學校。報聞」(註五六)頒佈上諭的日期，不一定就是正式開學的日期，而且清廷經過「戊戌政變」以後，新政遭受挫折，大學堂已無法按照原定計劃提早開學。至戊戌年十月，各處始紛紛張貼告示，限於本月二十四日以前，親赴大學堂投考。京師大學堂的入學考試時間，既定在十月二十四日前後，則其開學日期似乎不可能在十月二十日就提前舉行。而且內務府修葺校舍，其正式移交大學堂也是在十一月十七日以後，一八九八年十二月五日(光緒二十四年十月二十二日)，「華北捷報」亦謂「新建大學堂的開課，仍懸擱無期，據云其主要原因爲校舍遲未竣工。」(註五七)因此，喻長霖所撰的「京師大學堂沿革略」，認爲京師大學堂的開學是在戊戌年十一月：

「適有詔復八股。遂以時文性理論錄士，得百餘名，於十一月開學，學生不及百人，分詩、書、易、禮四堂，春秋二堂課士。每堂不過十餘人，春秋堂多或二十人，兢兢以聖經理學詔學者，日懸近思錄，朱子小學二書以爲的，每月甄別一次，不記分數，有獎賞，分三等。」(註五八)

但據「華北捷報」，一八九九年二月六日(光緒二十四年十二月二十六日)載京師大學堂消息云：「京師大學堂於二週前舉行隆重開學儀式，除外國教習外，並無外賓列席觀禮。」(註五九)由此可推知京師大學堂是遲至戊戌年十二月中旬才正式開學。毛子水先生亦謂「這個中國國家建立的第一個近代式的大學的開學日期，爲光緒二十四年十二月十七日。」(註六〇)因此，與其說「早在『五四』以前，北大當局在蔡元培校長主持下就已經將創立的『年』（一八九八）和復校的『月日』（十二月十七日）揉合成爲週年紀念日。」(註六一)毋寧說是光緒二十四年十二月十七日（陽曆一八九九年一月廿八日）京師大學堂開學的陰曆日期和 一九〇二年十二月十七日（陰曆光緒二十八年十一月十八日）京師大學堂復校後開學的陽曆日期的巧合。

（註一）　體用之成爲偶辭，起源甚早。論語學而篇，有子曰：「禮之用，和爲貴，先王之道，斯爲美，小大由之。」朱熹註云：「禮者，天理之節文，人事之儀則也；和者，從容不迫之意。蓋禮之爲體雖嚴，然皆出於自然之理，故其爲用，必從容而不迫，乃爲可貴，先王之道，此其所以爲美，而小事大事，無不由之也。」惟淸季知識分子之引用體用二字，其含義範圍實更廣泛。

（註二）　馮桂芬撰「校邠廬抗議」，采西學議，頁六九：「夫學問者，經濟所從出也。太史公論治曰，法後王，爲其近己而俗變相類，議卑而易行也。愚以爲在今日又宜曰鑒諸國，諸國同時並域，獨能自致富强，豈非相類而易行之尤大彰明較著者。如以中國之倫常名敎爲原本，輔以諸國富强之術，不更善之善者哉！」

（註三）　王韜撰「弢園尺牘」，卷四，頁十。

（註四）　鄭觀應撰「盛世危言」，卷二禮政、西學，頁二七。

（註五）　東京大學中國哲學硏究室編，中國思想史，頁二〇三：「中國の學問すなわち孔子の道は古今中外を貫く世界第一の精神文明であつて，これが學問道德の根幹である。だからこれはあくまで固守する。しかし機械のような西洋の物質文明は富國强兵のために必要であるが，それは永久不變の道ではない。只それは利用すれば足りる。これは明らかに當時の進步的官僚の洋務運動をその反對者達に合理的に說得する爲に作られた理論であつたが、單なる方便として作り上げられてきたのではなく、當時の知識階級の儒教に對する根强い一般的信仰の反映でもあつた。」

(註六) 李劍農著「中國近百年政治史」，上册，頁一三一。

(註七) 「盛世危言」，卷二，禮政，西學，頁二八。

(註八) 「光緒朝東華錄」㈦，頁三七七三。文海出版社影印本。

(註九) 王延熙、王樹敏合編「皇朝道咸同光奏議」，卷七，變法類，學堂條，頁二。

(註一〇) 「時務報」第二十六册，頁二，梁啓超撰，學校餘論，變法通議。

(註一一) 「張文襄公全集」，卷二〇三，勸學篇下，設學第三，頁九。

(註一二) 同前書，卷二〇三，勸學篇下，頁九：「四書五經，中國史事政書地圖爲舊學；西政西藝西史爲新學。舊學爲體，新學爲用，不使偏廢。」又頁四八：「中學爲內學，西學爲外學：中學治身心，西學應世事。」

(註一三) 「皇朝道咸同光奏議」，卷七，變法類，學堂條，頁七。

(註一四) 「湘學新報」，第一册，頁一六四。

(註一五) 陳弢輯「同治中興京外奏議約編」，頁三五。

(註一六) 文海出版社影印「光緒朝東華錄」㈦，頁三七二〇。

(註一七) 嚴復譯「天演論」，頁三。

(註一八) 梁啓超著「清代學術概論」，頁五七。

(註一九) 「湘報類纂」，乙集下，講義類，頁三七一。

(註二〇) 同前書，頁三八六。

(註二一) 丁文江編「梁任公先生年譜長編初稿」上册，卷四，頁二七載梁啓超於民國元年十月卅一日蒞北京大學歡迎會演說辭云：「故言及鄙人與大學校之關係，則以大學校之前身爲官書局，官書局之前身爲强學會，則鄙人固可爲有關係之人。」

(註二二) 强學會自提倡至開辦，醞釀數月之久，其成立係在光緒二十一年(一八九五)七月，惟其正式開辦則在九月間。丁文江先生編「梁任公先生年譜長編初稿」上册，卷四，頁二六，節錄三十自述云：「其年七月，京師强學會開，發起之者爲南海先生，贊之者爲郎中陳熾，郎中沈曾植，編修張孝謙，浙江溫處道袁世凱等，余被委爲會中書記員，不三月爲言官所劾，會封禁，而余居會所數月，會中於譯出西書，購置頗備，得於餘日盡覽之，而後益斐然有述作之志。」

（註二三）沈雲龍著「現代政治人物述評」，頁三。又據梁啓超撰「戊戌政變記」卷七，錄附一「變法起原」頁一五，謂强學會會員，除袁世凱、文廷式等參預外，英美人士亦有列名會員者。

（註二四）許同莘編「張文襄公年譜」頁八，謂强學會之性質云：「是其性質，名爲學會，而無殊於學校，且又具近代政黨之雛形。」又據梁任公先生年譜長編初稿上册，頁二六載梁啓超於灇北京大學校歡迎會演說辭中論强學會之性質云：「當時社會嫉新學如仇，一言辦學，卽視同叛逆，迫害無所不至。是以諸先輩不能公然設立正式之學校，而組織一强學會，備置圖書儀器，邀人來觀冀輸入世界之知識於我國民，且於講學之外謀政治之改革。蓋强學會之性質，實兼學校與政黨而一之焉。」

（註二五）唐鉞等主編「教育大辭書」，頁一〇一〇，强學會條。

（註二六）「張文襄公年譜」頁八云：「當京師强學會初立時，創議者欲避去會名，而以他字代之，獨有爲堅持不可，然官方固以强學書局視之也。」又據唐鉞等主編教育大辭書亦云：「光緒二十一年，京師士大夫設立强學會於城南之孫公園，爲諸京官講求時務之地，已而改爲强學書局。」

（註二七）「戊戌政變記」，卷七，頁一五，變法起原記云：「九月，康有爲出京，游南京，說張之洞，謀設强學分會於上海，張大喜，會遂成。」

（註二八）「群報擷華」，「清議報」全編卷二十五，北京强學報，頁九二至九四，强學會序文。

（註二九）「光緒朝東華錄」㈦，頁三七七三，光緒二十二年正月丁巳，總理各國事務衙門奏光緒二十一年十二月二十二日准軍機處鈔交御史胡孚宸「奏書局有益人才請飭籌議以裨時局摺」。

（註三〇）「大清德宗景皇帝實錄」卷三八四，頁四。

（註三一）沈桐生編「光緒政要」卷二二，頁一，官書局「奏開辦章程摺」。

(註三二)「時務報」第二十冊，頁五，官書局「議覆開辦京師大學堂摺」。

(註三三)「戊戌政變記」卷四，頁三，謂李端棻奏請推廣學校以勵人才一摺，係於光緒二十一年奏上，至二十二年五月初二日，始奉諭著內閣議奏。相傳此摺係由梁啓超代擬。唐鉞等主編教育大辭書頁九六一云：「光緒二十二年，康有爲首以公車上書，請變法興學。梁啓超又爲侍郎李端棻草疏，請立大學於京師。」

(註三四)「光緒朝東華錄」㈦，頁三七七三，光緒二十二年五月丙申，「軍機處鈔交刑部左侍郎李端棻奏請推廣學校以勵人才摺」。

(註三五)同前註。

(註三六)「時務報」第七冊，頁七，總署「議覆李侍郎推廣學校摺」。

(註三七)「時務報」第二十冊，頁四至頁七，官書局「議覆開辦京師大學堂摺」。

(註三八)「大清德宗景皇帝實錄」卷四一八，頁一五。

(註三九)胡思敬撰「政變月紀」，選自楊松、鄧力群原編，榮孟源重編，「中國近代史資料選輯」，頁三七五，謂當時百事草創，既無成案可稽，禮部不敢主議，諉之總署，總署倉皇不知所措，乃私屬梁啓超代草。梁啓超乃「略取日本東京學規，參以中國各省學堂現行章程，斟酌損益，草定章程八十餘條上之。」

(註四〇)軍機大臣、總理衙門會同具奏「遵籌開辦京師大學堂章程疏附章程清單」全文見王延熙、王樹敏合編皇朝道咸同光奏議，卷七，變法類，學堂條，頁七至頁一三。

(註四一)「光緒朝東華錄」㈦，頁四〇九〇。

(註四二)「大清德宗景皇帝實錄」，卷四二〇，頁二。

(註四三)馬神廟空閑府第舊稱「四公主府」，即清高宗第四女和嘉公主，其夫爲傅恒次子福隆安，故又稱「福隆安府第」。

(註四四)「文獻叢編」上冊，頁五六〇，內務府修葺京師大學堂基址案。

(註四五)「光緒朝東華錄」㈦，頁四一三七至四一三九。又見「德宗景皇帝實錄」，卷四二二，頁六。

(註四六)「大清德宗景皇帝實錄」，卷四二四，頁八。

(註四七)楊松、鄧力群原編，榮孟源重編，「中國近代史資料選輯」，頁三八七。

（註四八）倚劍生撰，「光緒二十四年中外大事彙記」第一冊，學術彙第一之三，頁二八，錄十月國聞週報載「北京大學堂述聞」。

（註四九）「大淸德宗景皇帝實錄」卷四二七，頁二。

（註五〇）同前註。

（註五一）「戊戌政變記」，卷四，頁三至頁七。

（註五二）同註四八。

（註五三）「文星叢刊」，「胡適選集」，考據篇，頁一四八，轉錄民主潮第十一卷第一期，胡適撰，「京師大學堂開辦的日期」文。

（註五四）「文獻叢編」上册，頁四，總管內務府奏修馬神廟空閒府第移交大學堂並請續撥欵項摺稱，十一月十七日，總管內務府始將應修改修各工一律修齊並移交大學堂接收。故邢慕義（A. W. Hummel）編輯的「淸代名人傳略」（Eminent Chinese of Ch'ing Period）孫家鼐傳中所謂「京師大學堂是一八九年八月九日（光緒二十四年六月二十二日）創立的」，也不足定爲開辦日期。八月九日，是批准修改的大學堂所擬章程，並非開辦的日子。

（註五五）「文星叢刊」，「胡適選集」，考據篇，頁一五四。

（註五六）「大淸德宗景皇帝實錄」，卷五〇八，頁一。

（註五七）「華北捷報」(The North China Herald and Supereme Court & Consular Gazette)，一八九八年十二月五日，頁一〇四七云：「The Opening of The New University still hangs fire, Delay in building is said to be the Cause)」

（註五八）劉錦藻撰，「淸朝續文獻通考」，卷一〇六，學校考，頁八六四八。

（註五九）「華北捷報」，一八九九年二月六日，頁二一一云："The Imperial University Opened with impressive ceremonies. No foreigners were Present outside of the foreign faculty."

（註六〇）「中華民國大學誌」，毛子水撰，「京師大學堂」條，頁六二。

（註六一）「傳記文學」第十三卷第六期。民國五十七年十二月號。吳相湘撰「北大廿週年紀念册與傳記資料」，頁六。

第二章　沿　革

第一節　建　置

光緒二十四年（一八九八）十二月，京師大學堂正式開辦以後，仍陸續招收新生。至光緒二十五年（一八九九）三月，學生在籍數合仕學院、中學、小學三類共計二百一十八人，其中選修西學的學生將近百人。(註一)並甄選優等生別立史學、地理、政治三堂，其餘則改稱立本、求志、敦行、守約等堂，以淬勵品學。(註二)

光緒二十六年（一九〇〇）五月，拳禍既作，人心皇皇，許景澄遂奏請暫停授課，拳匪所過焚刼，前管理大學堂事務大臣孫家鼐府第，亦所不免。(註三)大學堂先被拳匪佔據。聯軍入京後，俄兵入駐大學堂，以校舍爲營房。(註四)大學堂師生紛紛離散，校舍固殘燬不堪，而堂中所儲書籍儀器，亦散失殆盡，大學堂遂因此停辦二年。

光緒二十六年（一九〇〇）十二月，中外議和期間，清廷痛定思痛，壹意振興。命京外臣工，參酌中西政要，舉凡朝章、國政、吏治、民生、學校、科舉、軍制、財政的因革損益，各舉所知，各抒己見，以求培養人才，復興國勢。(註五)因和約中有滋事城鎮停止文武考試五年一欵，(註六)清廷欲於停止文武考試期間，一面頒行新政，設立學堂，俟五年以後，酌量情形如學堂人才培養收效，卽明定出身獎勵章程，永廢科舉，則雖有停試之名，而無停試之實。而且令士人捨棄時文試帖，入學堂以求實學，受惠尤深，更是兩得之舉。(註七)光緒二十七年十二月初一日（一九〇二年一月十日），正式下詔，將從前所建大學堂，切實舉辦，派張百熙爲管理大學堂事務大臣，諭云：

「興學育才，實爲當今急務，京師首善之區，尤宜加意作養，以樹風聲。從前所建大學堂，應卽切實舉辦。著派張百熙爲管學大臣，將學堂一切事宜，責成經理，務期端正趨嚮，造就通才，明體達用，庶收得人之效，應如何覈定章程，並著悉心妥議，隨時具奏。」(註八)

京師同文館原隸外務部，十二月初二日，命將該館卽歸併大學堂，一併責成張百熙管理，認眞加以整頓。(註九)同文館遂不再隸屬外務部。

京師大學堂雖創辦於戊戌八年（一八九八），但是當時各省學堂尙未普遍設立。大學堂既係草創，不過略存體制，因陋就簡，規制未備。張百熙奉派管理大學堂事務後，急謀開拓，悉心籌劃。光緒二十八年（一九〇二）正月初六日，張百熙奏陳整頓辦法：因各省府州縣學堂尙未徧設，開辦需時，目前尙無應入大學堂肄業的學生，其通融辦法，卽暫且不設專門分科，先設大學預備科，分政、藝二門；惟國家需才孔亟，爲收急功速效，暫設速成一科，分仕學、師範二館。爲廣見聞，就大學堂附設官書局原址，改設譯書局，以譯印書報，編輯課本。爲廣儲中外書籍，又附設藏書樓一所。(註一〇)正月十二日，因宗室及覺羅等學，久經廢弛，流弊滋多；八旗官學，於中西根柢之學，亦少講求，虛糜侵蝕。命卽援同文館之成例，將宗室、覺羅、八旗等官學，合併爲中、小學堂，均歸入大學堂辦理，其原設總管、敎習等亦一律裁撤。(註一一)三月初四日，大學堂開辦譯書局。(註一二)七月十二日，張百熙奏呈大學堂章程，卽所謂欽定京師大學堂章程。大學堂內設大學院、大學專門分科與大學預備科，附設仕學館、師範館與醫學實業館。(註一三)九月，大學堂整修工程，已次第告竣，卽出示招考，暫先開辦速成科，卽師範、仕學二館，其入學考試分九門：㈠洋文論；㈡漢文論；㈢中國地理；㈣中外史事；㈤繙譯；㈥代數；㈦形學；㈧公法學；㈨格致化學。(註一四)計錄取仕學館學生五十七名，師範館學生七十九名，合計一百三十六名。(註一五)十一月十八日(西曆十二月十七日)，京師大學堂經過拳匪之亂停辦兩年後又重新開學了。敎職員身着補褂花衣，致祀孔聖，儀式隆重。(註一六)同月十九日，京師同文館改爲繙譯專科，由速成、預備兩科中擇其年少質敏、洋文已有門徑者入學肄業。(註一七)除肄習普通學外，尙須分習各國語言文字。畢業後一體給予出身獎勵，外務部、出使大臣、各省督撫，咨取譯員；各處學堂延訂敎習，都以此項畢業學生爲上選，不必另行招考。

京師大學堂管理事務大臣，向由漢人充任。張百熙奉派充管理大學堂事務大臣以來，實心任事，又喜用新進，頗爲朝列所忌，交章參劾。張百熙爲求減少清廷阻力，頗欲借重於滿人，清廷爲謀防制漢人，亦欲增派滿人爲管理大學堂事務大臣，滿漢並用。光緒二十九年（一九〇三）正月十一日，增派刑部尙書榮慶爲管學大臣，會同張百熙管理京師大學堂事宜。（註一八）同月，大學堂添設進士館，令新進士皆入館肄業。三月，設譯學館，將原設繙譯科歸併於譯學館，九月二十九日，正式開學授課。（註一九）閏五月初三日，派張之洞會同張百熙、榮慶釐定大學堂章程。（註二〇）清季究心學務，辦學成效卓著者，應首推湖廣總督張之洞，其所奏呈湖北學堂章程，頗多足補欽定章程所不足之處。張之洞奉命釐定京師大學堂章程後，即博考各國大學制度，參酌損益，歷時半年始脫稿。章程繕寫四份：隨摺具奏一份，存政務處一份，存大學堂一份，留存備查一份。十一月二十六日，奏進新擬大學堂章程，即所謂奏定大學堂章程。（註二一）改大學院爲通儒院，大學先立預備科，師範館改照優級師範學堂辦理，仕學館則比照進士館章程辦理。管理大學堂事務大臣，既管京師大學堂，又管外省各學堂事務，條緒萬端，兼顧難周。張之洞又奏請於京師專設總理學務大臣，以統轄全國學務，另設總監督一員，專管京師大學堂事務。十一月二十七日，奉旨改管學大臣爲學務大臣，添派大學士孫家鼐充學務大臣。（註二二）十二月二十一日，命大理寺少卿張亨嘉充大學堂總監督。（註二三）受學務大臣節制。凡譯學館、宗室、覺羅、八旗、中小學堂、進士館、醫學館等皆直轄於學務大臣，而不再隸屬於京師大學堂。

光緒三十年（一九〇四）正月二十日，京師大學堂奏准開辦預備科，並添招師範新班。（註二四）二月，仕學館歸併於進士館內。因仕學館係屬暫設性質，都是在職人員，不在大學堂學校系統內。進士館既奉特旨令新進士入館肄業，與仕學館立意相近。仕學館課程又是遵照進士館章程辦理，進士館開辦後，原設仕學館自應歸併在內。（註二五）四月，進士館開辦。（註二六）七月十三日，京師大學堂編譯局停辦。（註二七）同月，師範及預備科新生分三場在京師大學堂舉行入學考試：首場考中文一篇，中國歷史、地理各六問；第二場考東西文繙譯二篇，外國歷史、地理各六問；第三場考算術六問；代數及平面幾何各三問，物理學及無機化學各三問。（註二八）嗣後又陸續補試，前後共招收新生三百六十餘人。十月，新班學生赴堂報到，並添聘英、德、日本教習。十一月復添招預備及優級師範科學生各一班。京師大學堂合師範科舊、新兩班四類，預備科六班二類學生共計五百一十二人，教職員九十餘人。（註二九）三十一年（一九〇五）正月二十日，大學堂預備科及師範新班開學，分班講授。（註三〇）二月三十日，京師大學堂將醫學實業館改建醫學館，與施醫總局合併辦理。（註三一）四月二十四、五兩日，京師大學堂舉行運動會。（註三二）八月初四日袁世凱奏請立停科舉，以廣學校。（註三三）科舉停止後，各省學堂已次第興辦，必須有總滙之區，以資董率而專責成。十一月初十日，設立學部，以榮慶調補學部尚書，熙瑛補授學部左侍郎，翰林院編修嚴修以三品京堂候補署理學部右侍郎。（註三四）

光緒三十二年（一九〇六）三月，學部奏以「忠君、尊孔、尚公、尚武、尚實」五端爲教育宗旨。（註三五）三十三年（一九〇七）正月，京師大學堂師範舊班學生畢業（註三六）二月初四日，京師大學堂奏准師範舊班畢業第一類學生擇送英、美、法等國肄業專門學校。（註三七）六月初七日，京師大學堂附設博物品實習科，先辦簡易科。（註三八）因分科大學卽將次第開辦，於附設優級師範科勢難兼籌並顧。三十四年（一九〇八）五月十六日，學部奏改京師大學堂優級師範科爲京師優級師範學堂，就五城中學堂基址，添建校舍，並奏派學部行走候選知縣陳問咸爲監督。（註三九）學部奏籌辦大學分科，先奏准於德勝門外八旗校場地方撥建分科大學校址之用。因該處地勢高曠，林泉缺乏，七月二十日，學部另奏撥阜城門外望海樓地方葦塘官地，以建築農科大學之用。（註四〇）並設籌辦分科工程處，派京師大學堂庶務提調劉經澤督催工程。（註四一）

開辦分科大學爲學部籌備憲政第二年應辦事項之一。宣統元年（一九〇九）閏二月，學部復奏籌辦分科大學，經憲政編查館覆核允准在案。學部奏請遴派分科大學監督，於五月奉旨依議。（註四二）同時，因預備科學生業經畢業，分科大學又正在籌備，而高等學堂爲升入大學分科的階梯，自應迅速設立。三月初六日，學部奏請將大學預備科地方改設高等學堂，並派大學預備科提調翰林院編修商衍瀛爲京師高等學堂監督，仍暫統於大學堂。（註四三）五月，停辦速成師範館，其未畢業學生，卽改爲優級師範本科。（註四四）分科大學暫先開辦經、法、文、格致、農、工、商七科。

宣統二年（一九一〇）正月，經兩次招生，共考取學生二百三十餘人。正月十六日，錄取各學生紛紛入堂報到。（註四五）因建築分科大學工程迄未竣事，暫借大學堂預備科舊址先行開辦。（註四六）正月二十一日，分科大學舉行開學典禮。（註四七）宣統三年（一九一一）九月，京師譯學館歸併於京師大學堂內。（註四八）民國成立後，京師大學堂改稱北京大學，後又冠以「國立」二字。

第二節　學　制

京師大學堂雖遲至拳亂以後始確立學制系統，但其制度規模實奠基於光緒二十四年（一八九八）五月軍機大臣、總理各國事務王大臣共同議奏的籌辦京師大學堂章程。原章程凡八章五十二條，以京師大學堂統轄各省學堂，明定京師大學堂爲三級制，兼寓小學、中學之意。課程分爲普通學與專門學兩類，修業期限皆爲三年。學生分爲兩班：以現治普通學者爲二班，現治專門學者爲頭班。每班學生額數暫定爲五百人，仿同文館成例，分爲六級，視成績優劣，循級遞升。在行政組織方面，設管學大臣一員，以大學士尙書侍郎充任。總教習一員，不拘資格，由特旨擢用。分教習漢人二十四員，由總教習奏調：普通學分教習十人，皆爲華人，英文分教習十二人，中、英各居半數；日文分教習二人，中、日各一人；俄德法文分教習各一人，或西人，或華人，隨所有而定；專門學十種，分教習各一人，皆用西人。設總辦一人，以小九卿及各部院員充任；提調八人，以各部院司員充任；其中一人管支應，五人分股稽查學生功課，二人管堂中雜務，供事十六員；謄錄八員；藏書樓另設提調一員，供事十員；儀器院另設提調一員，供事四員。(註四九) 其行政組織可列表於後：

光緒二十四年京師大學堂行政組織系統表
（圖表一）

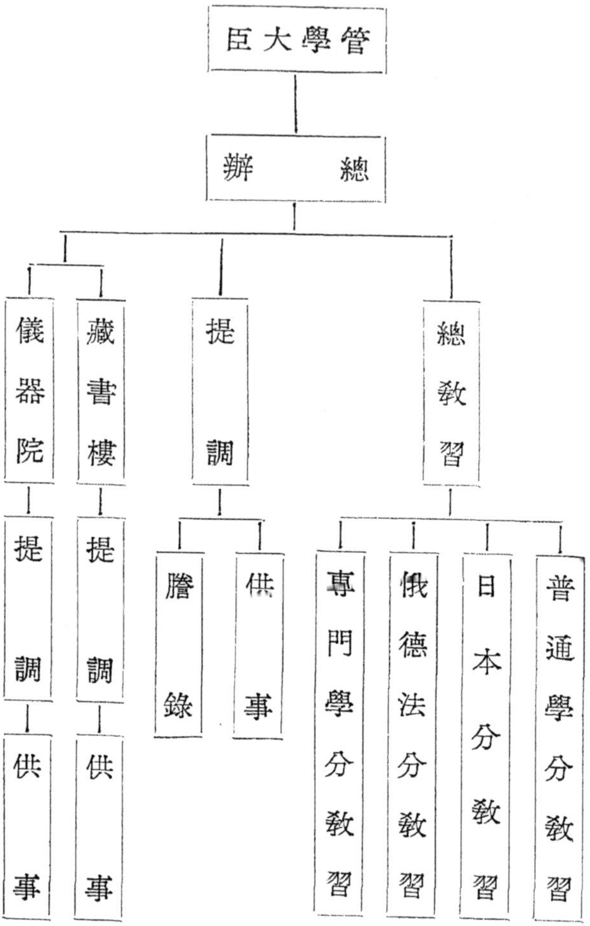

光緒二十八年（一九〇二）七月，管理京師大學堂事務大臣張百熙奏進學堂章程，即所謂欽定學堂章程。是年歲次壬寅，又稱壬寅學制，是爲近代中國正式確立新式學制系統之始。其所定學校系統分爲四段七級，以縣學堂爲小學堂，府學堂爲中學堂，省學堂爲高等學堂，京師學堂爲大學堂。（註五〇）在京師大學堂新學制方面，分大學院、大學專門分科、大學預備科，以及由宗室、覺羅、八旗等官學合併的中、小學堂等五級。大學院爲學問極則，主研究，不主講授，修業年限不定。大學專門分科修業期限爲三至四年，大學預備科爲三年。其附設的速成科，仕學館修業期限爲三年，師範館爲四年。其學校系統可列表於後：

光緒二十八年欽定學堂章程學校系統表（圖表二）

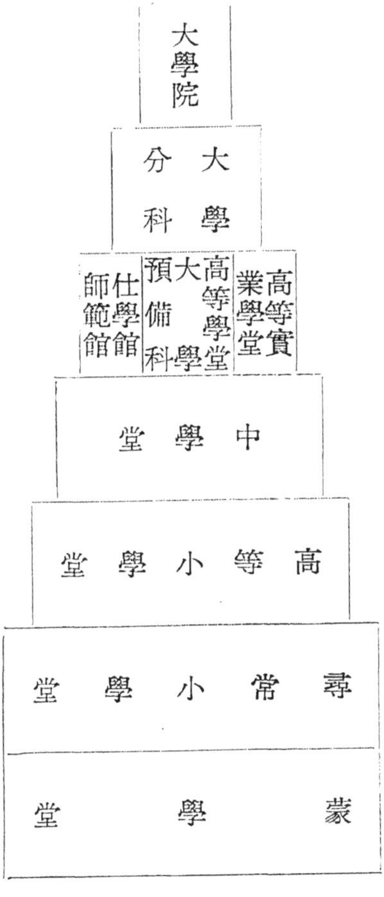

在行政系統方面，設管學大臣一員，以主持全學堂事宜，統屬各員，由特旨派大臣充任；總辦一員，副總辦二員，稟承管學大臣總理全學堂一切事宜；堂提調四員，以稽查學生勤惰、出入、並照料學生疾病等事。司事、雜役等，如有不按定章辦事應差，或在堂內滋事者，由堂提調查明分別輕重辦理；支應提調一員，襄辦一員，以稽核銀錢出入；雜務提調二員，襄辦一員，以照料學生飲食，並隨時置辦堂中應用一切物件；藏書樓、博物院各設提調一員，以經理書籍、儀器、標本、模型等設備；醫學實業館設提調一員，以稽查醫學館學生功課，兼司學堂診治及照料一切衞生事宜，另置收掌、供事、書手若干員。在教習方面，設總教習一員，主持一切教育事宜；副總教習二員，佐總教習以主持教育事宜，並分別稽查中外各教習及各學生功課；預備西學教習四至六人；速成科日本教習四至五人；醫學實業館聘外國教習一人；另設西學監督一人，以責成外國教習照章辦理；同文館既歸併京師大學堂辦理，仍照向例，設外國教習五人。(註五一)茲列京師大學堂行政組織系統表於後：

光緒二十八年京師大學堂行政組織系統表（圖表三）

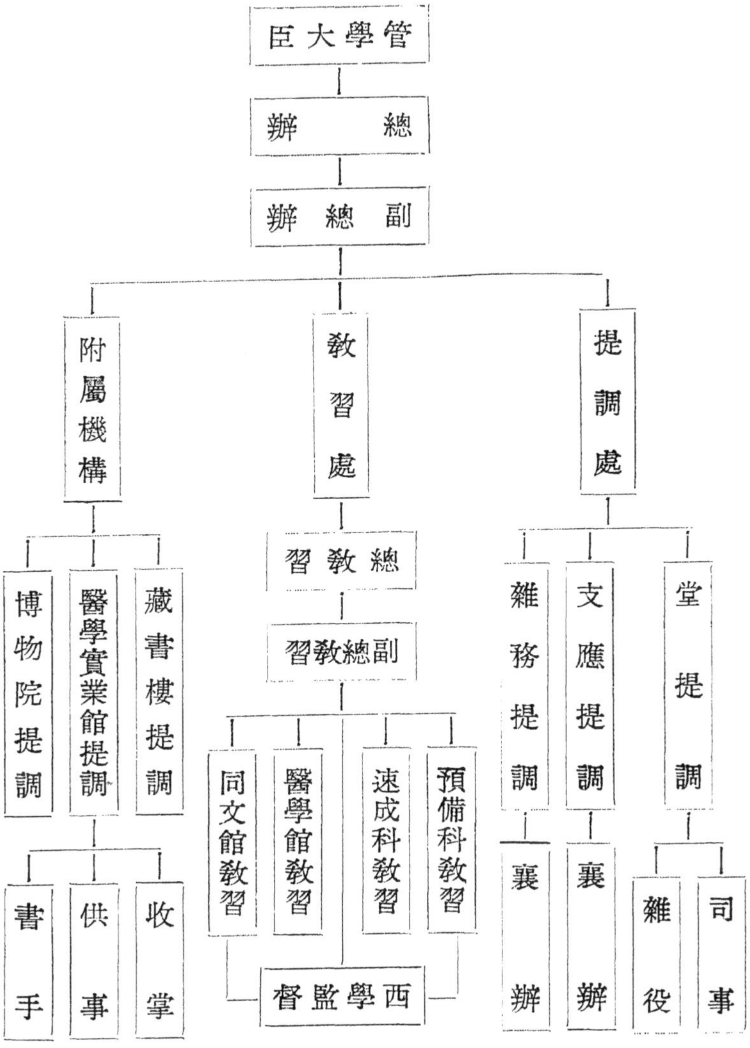

光緒二十九年（一九〇三），歲次癸卯，因此是年十一月所頒布的新學制，稱爲「癸卯學制」。關於京師大學堂方面，此一新頒學制與光緒二十八年（一九〇二）之「壬寅學制」所不同的是：改大學院爲通儒院，明定修業期限爲五年；分科大學除政法及醫科中之醫學門修業期限各需四年外，餘均以三年爲限；新立的進士館與原設的仕學館，因非由小學、中學循序遞升，其程度深於中學，而淺於高等學堂，故不在京師大學堂學校系統之內。（註五二）其學校系統可列表於後：

光緒二十九年京師大學堂學校系統表（圖表四）

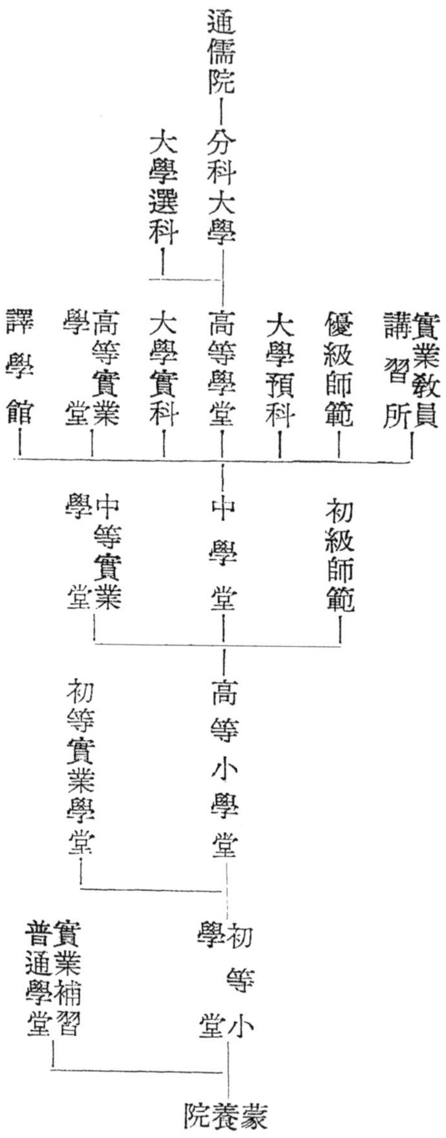

在教職員編制系統方面，京師大學堂設大學總監督一人，受總理學務大臣的節制，總管全堂各分科大學事務，統率全堂人員；分科大學監督，每科一人，共計八人，受總監督的節制，掌本科教務、庶務、齋務一切事宜，每科設教務提調一人，庶務提調一人，齋務提調一人以佐之。教務提調每科一人，共計八人，以曾充任正教員且最富學望者爲之，受總監督的節制，爲分科大學監督之副，諸事與本科監督商辦，總管該門功課及師生一切事務。正教員及副教員屬之。正教員分主各分科大學所設專門講席，教授學藝，指導研究，受分科監督及教務提調的考察。副教員則協助正教員教授學生，並指導實驗，受本科監督及教務提調的考察；庶務提調每科一人，共計八人，以熟悉學堂規章的職官充任，受總監督的節制，爲分科大學監督之副，諸事與本科監督商辦，管理該科文案、收支、厨務及一切庶務。其屬官有文案官、會計官及雜務官等。文案官處理本科中文牘，除奏稿須由總監督酌派人員擬辦外，凡堂中本科咨移批札函件皆爲其應盡職責；會計官專司銀錢出入事務；雜務官專司本科中厨務、人役、房屋、器具一切雜事；齋務提調每科一人，共計八人，以曾擔任教員又有學望者充之，受總監督的節制，爲分科大學監督之副，管理該科，整飭齋舍，監察起居等一切事務。其屬官有監學官，檢查官及衞生官等。監學官掌考驗本科學生行檢及學生齋舍、功課勤惰、出入起居一切事務，以教員兼充；檢查官掌本科齋舍規矩，並照料食宿，檢視被服一切事務，凡教員學生言行舉止有出乎定章之外者，皆得糾劾之；衞生官以格致、農、工、醫各科正教員一人及監學兼任，掌學堂衛生事務，並由各員中公舉一人為總衛生官，以總司其事；天文臺經理官，以格致科大學正教員兼任，掌格致科大學附屬天文臺事務，稟承於總監督；植物園經理官，以格致科大學正教員或副教員兼任，掌格致科大學附屬植物園事務，稟承於於總監督；動物園經理官，以格致科大學正教員或副教員兼任，掌格致科大學附屬動物園事務，稟承於總監督；演習林經理官，以農科大學正教員或副教員兼任，掌農科大學附屬演習林事務，稟承於總監督；醫院經理官，以醫科大學正教員兼任，掌醫科大學附屬醫院事務，稟承於總監督；圖書館經理官，以各分科大學中之正教員或副教員兼任，掌大學堂附屬圖書館事務，稟承於總監督。大學堂內設會議所，凡各分科大學有增減變更之事，通儒院畢業獎勵或學務大臣及總監督有諮詢之事等，則由總監督邀集分科監督、教務提調，正副教員及監學等公同覈議；各分科大學亦設教員監學會議所，凡分科課程、成績考查，通儒院學生畢業審查給獎等事，得由分科大學監督邀集教務提調，正副教員及各監學等公同覈議。（註五三）茲據奏定學堂章程規定將京師大學堂教職員編制系統列表於後：

光緒二十九年京師大學堂教職員編制系統表(圖表五)

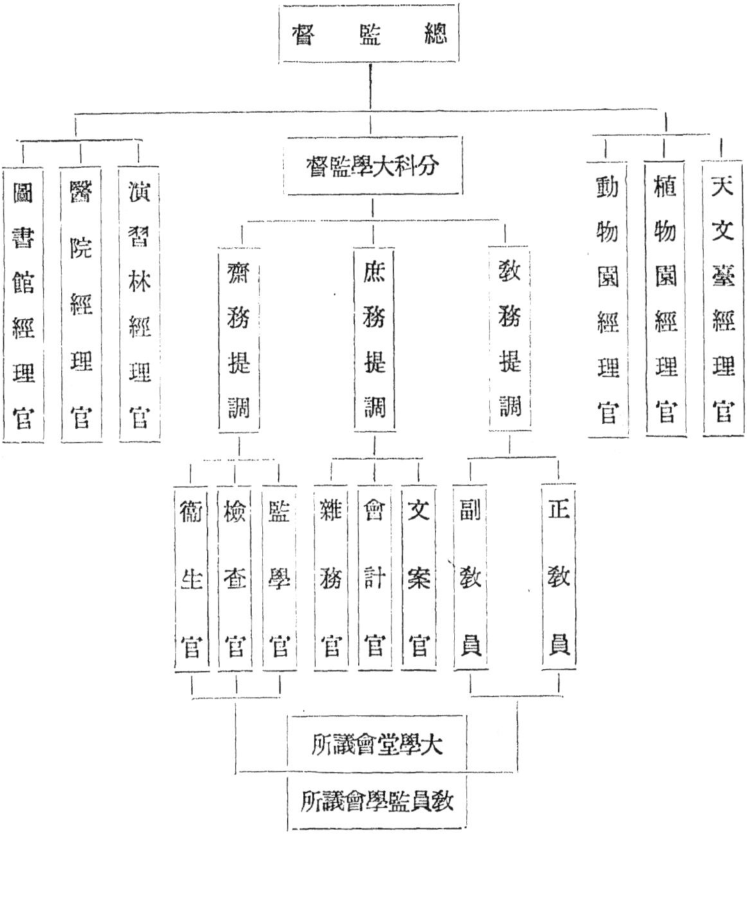

京師大學堂總監督既須總管全堂各分科大學一切事務，統率全堂教職員，責任綦重，惟歷任總督皆係兼差，統籌兼顧。光緒三十三年（一九〇七）六月，學部鑒於預備科學生卽將畢業，各省高等學堂畢業學生已陸續送京肆業，各項分科均須逐漸規設，分科大學基址離城較遠，總監督尤須常川駐堂，以資董理，乃奏請援照度支部總銀行造幣廠設立總監督成案，將京師大學堂總監督改爲實缺。原奏云：

「大學堂爲全國人才之區，四方觀聽所繫。總監督責重事繁，尤應常川視事，心思耳目，常與全堂諸生互相貫注。整頓功課，維持秩序，用能日起有功。臣等公同商酌，擬援照度支部總銀行造幣廠設立總監成案，請將大學堂總監督一員作爲實缺，秩視左右丞，三年爲一任。內以臣部左右丞，外以各省提學使爲應調之缺，遇有正三品應升之缺，一律開列，以專責成，而規久遠。」（註五四）

京師大學堂總監督向係兼差，例用木質關防。現經定爲實官，爲昭信守，學部又於同年十一月奏請飭下禮部按照品秩，另鑄銅質關防一顆，文曰「京師大學堂總監督關防」。（註五五）

宣統元年（一九〇九）十一月，京師大學堂籌設分科大學時，一方面因科目尙未全設，另一方面學生亦未足額，因此教務提調一差，或兩科共設一員，或暫以監督兼任，端視分科大學事務繁簡而定。至於庶務、齋務提調，暫設提調一員，以總司其事。文案、雜務、監學、檢查各員，酌量省併，尚無定制。農科方面，除庶務、齋務提調應先酌設外，暫設試驗場委員一員，以資經理。(註五六)宣統二年（一九一〇）正月初五日，京師大學堂各分科監督、提調及各正副教員等，召開第一次監學會議，核定各教員功課表，並派定書目。(註五七)民國成立以後，改總監督為大學校長，分科監督為各科學長，裁撤各科教務提調，並恢復高等學堂為大學預備科。

第三節　課　程

京師大學堂歷次確立學科，訂定課程，皆以「中體西用」為思想基礎。光緒二十二年（一八九六）五月，李端棻主張京師設立大學堂，應比照省學課程，誦習經史子及國朝掌故諸書，而輔之以天文、輿地、算學、格致、製造、農桑、兵礦、時事及交涉等書，惟益加專精，各執一門，分齋講習。(註五八)卽應合中外學術相與講習，不可徒習西語、西文，必須首重探討治國之道，富強之原。同年七月，管理官書局大臣孫家鼐議覆開辦京師大學堂辦法時，首先指出西方列強廣立學校，人才輩出，國勢驟興，遂以爭雄競長，凌抗中朝，並非僅恃船堅砲利。但各國分科立學，終覺道器分形，略於體而詳於用，故雖勵精圖治，日進富強，而雜覇規為，未能進於三代聖王之盛治。因此建議京師大學堂課程應分立十科：一為天學科，附算學；二為地學科，附礦學；三為道學科，附各教源流；四為政學科，附西國政治及律例；五為文學科，附各國語言文字；六為武學科，附水師；七爲農學科，附種植水利；八爲工學科，附製造格致各學；九爲商學科，附輪舟、鐵路、電報；十爲醫學科，附地產、植物、化學。卽所謂「總古今，包中外，賅體用，貫精粗。」（註五九）光緒二十四年（一八九八）五月，軍機大臣及總理衙門王大臣於議覆京師大學堂章程時，首先檢討近年各省所設學堂，雖名爲中西兼習，實則有西而無中，且有西文而無西學。各省學堂既以洋務爲主義，卽以中學爲具文。義理之學固不講究，經史掌故亦未嘗厝意，浮慕西學而無心得，徒增習氣而有餘，這就是各省學堂不能成就人才的主要原因。軍機大臣等乃奏請京師大學堂課程應分普通學與專門學兩類，另加選外國語言文字學一種。普通學包括：經學、理學、中外掌故學、諸子學、初級算學、初級格致學、初級政治學、初級地理學及體操學等十科，是爲學生必修科目；外國語言文字學包括：英國語言文字學、法國語言文字學、俄國語言文字學、德國語言文字學、日本語言文字學等五種，學生得任選一種，與普通學同時並習，專門學包括：高等算學、高等格致學、高等政治、學高等地理學、農學、礦學、工程學、商學、兵學及衛生學等十科。學生必俟修畢普通學後，始能就專門學中任選一門或兩門肄習。由前學科觀之，京師大學堂課程，實爲「中體西用」精神的具體表現，中西並重，政藝兼學。西文僅爲學堂課程的一門，不以西文爲課程之全體。以西文爲西學之發凡，不以西文爲西學之究竟。（註六〇）同年六月，管理京師大學堂事務大臣孫家鼐奏陳籌辦京師大學堂情形時，因鑒於京師大學堂普通學課程分立十門，按日分課，門類既多，中材以下，斷難兼顧，於是奏請酌加變通，每門各立子目，多寡聽人任選。理學併入經學為一門；諸子學不另立一門，子書有關政治經學者附入專門學內，聽人選修；專門學內兵學一門，另議改隸於武備學堂。（註六一）光緒二十六年（一九〇〇）正月，京師大學堂開辦迄今，已歷年餘，據許景澄奏稱，其正式開課學科，合經、史、政治、輿地、算學、格致、化學及英、法、俄、德、日各國語言文字學等科。（註六二）

光緒二十八年（一九〇二）正月，張百熙復奏請將預備科課程合政、藝二科：以經史、政治、法律、通商、理財等事隸政科；以聲、光、電、化、農、工、醫、算等事隸藝科。（註六三）政藝並重，新舊兼學，此即以「中體西用」為基本精神。同年七月，張百熙奏進京師大學堂章程。大學專門分科課程分政治、文學、格致、農業、工藝、商務、醫術七科。政治科分政治學與律學二門；文學科合經學、史學、理學、諸子學、掌故學、詞章學、外國語言文字學七門；格致科合天文學、地質學、高等算學、化學、物理學、動植物學六門；農業科分農藝學、農業化學、林學、獸醫學四門；工藝科分土木工學、機器工學、造船學、造兵器學、電氣工學、建築學、應用化學、採礦冶金學八門；商務科分簿計學、產業製造學、商業語言學、商法學、商業史學、商業地理學六門；醫術科分醫學與藥學二門。預備科課程方面，政科分倫理學經學、諸子學、詞章學、算學、中外史學、中外輿地學、外國文學、物理學、名學、法學、理財學、體操學十三門；

藝科分倫理學、中外史學、外國文學、算學、物理學、化學、動植物學、地質礦產學、圖畫學、體操學十門。習政科者，畢業後升入政治、文學、商務等分科大學；習藝科者，畢業後則升入農業、格致、工藝、醫術等分科大學。(註六四)中國聖經垂訓，以倫常道德爲先。京師大學堂預備科課程，其政、藝兩科皆列倫理學於首，視其他學科尤注意，此卽「中體西用」精神的表現。

京師大學堂速成科仕學館爲招考已入仕途人員入館肄業，故捨工藝而重政法，其應修課程爲：算學、博物、物理、外國文、輿地、史學、掌故、理財學、交涉學、法律學、政治學十一門。(註六五)茲將仕學館各學年課程進度列表於後：

京師大學堂速成科仕學館各學年課程進度表（圖表六）

科目名稱	第一學年	第二學年	第三學年
算學	加減乘除比例開方	平面幾何	立體幾何代數
博物學	動植物形狀及構造	生理學	礦物學
物理學	力學、聲學淺說	熱學、光學淺說	電氣、磁氣淺說
外國文	音義	繙譯	文法
輿地學	全球大勢，本國地理	外國地理	地文地質學
史學	中國史典章制度	外國史典章制度	考中外治亂興衰之故
掌故學	國朝典章制度沿革大略	現行會典則例	考現行政事之利弊得失
理財學	通論	國稅公產、理財學史	銀行保險、統計學
交涉學	公法	約章使命、交涉史	通商傳教
法律學	刑法總論、分論	刑事訴訟法、民事訴訟法、法制史	羅馬法、日本法、英吉利法、法蘭西法、德意志法
政治學	行政法	同上學年	國法、民法、商法

欽定京師大學堂章程對仕學館各學年課程每週教學時數，亦有明確規定，茲列其每週教學時數表於後：

京師大學堂速成科仕學館各科每週教學時數表（圖表七）

科目名稱	第一學年	第二學年	第三學年
算學	3	3	4
博物學	3	2	2
物理學	3	3	3
外國文	4	4	4
輿地學	3	3	3
史學	2	3	3
掌故學	2	2	2
理財學	4	4	4
交涉學	4	4	4
法律學	4	4	4
政治學	4	4	4
合計	36	36	37

備註：不習外國文者於理財交涉法律政治四門各加修一小時。

京師大學堂速成科師範館應修課程爲：倫理學、經學、教育學、習字、作文、算學、中外史學、中外輿地學、博物學、化學、外國文學、圖畫、體操等十四門。（註六六）其各學年課程進度以及各科每週教學時數可分別列表於後：

京師大學堂速成科師範館各學年課程進度表（圖表八）

科目名稱	第一學年	第二學年	第三學年	第四學年
倫理學	考中國名人言行	考外國名人言行	考歷代學案國朝聖訓	倫理學教學法
經學	考經學家法	同上學年	同上學年	同上學年
教育學	教育宗旨	教育之原理	教育原理及學校管理法	實習
習字	楷書	楷書、行書	楷書、行書、篆書	行書、篆書、草書及習字教學法
作文	作記事文	作論理文	學章奏傳記詞賦詩歌諸體文	考文體流別
算學	加減乘除分數比例、開方	帳簿用法算表成式幾何面積比例	代數加減乘除分數方程、立體幾何	代數級數對數及算學教學法
中外史學	外國上世史、中世史	本國史典章制度	外國近世史	外國近世史並歷史教學法

中外輿地	全球大勢、本國各境兼仿繪地圖	外國各境、兼仿繪地圖	地文地質學	地理教學法
博物學	動植物之構造及形狀	同上學年	生理學	礦物學
物理學	力學、聲學、熱學	熱學、光學	電氣、磁氣	理科教學法
化學	考質求數	無機化學	同上學年	有機化學
外國文學	音義	句法	文法	文法
圖畫	就實物模型授毛筆畫	就實物模型帖譜手本毛筆畫	用器畫大要	圖畫教學法
體操	器具操	器具操	兵式	兵式及體操教學法

京師大學堂速成科師範館各科每週教學時數表（圖表九）

科目名稱	倫理學	經學	教育學	習字	作文	算學	中外史學	中外輿地	博物學	物理學	化學	外國文學	圖畫	體操	合計
第一學年	1	1	3	3	2	3	2	2	2	3	2	6	3	3	36
第二學年	1	1	4	3	2	4	1	2	2	3	2	6	2	3	36
第三學年	1	1	4	3	2	4	2	2	2	3	2	4	3	3	36
第四學年	1	1	3	3	2	4	2	2	2	3	2	4	3	3	3

光緒二十九年（一九〇三）閏五月，張之洞奉命會同張百熙及榮慶釐定京師大學堂章程後，因深慨經學趨於衰微，以為今日若不竭力提倡，則自茲以往，將無復有窮經之士，而經學且將中絕，乃議於京師大學堂內增添經學為課程（註六七）同年十一月所頒布的奏定大學堂章程卽將經學獨立為一科，理學則列為經學之一門。京師大學堂分科大學遂成經學、政法、文學、格致、醫、農、工、商八科。經學科課程分周易學、尙書學、毛詩學、春秋左傳學、春秋三傳學、周禮學、儀理學、禮政學、論語學、孟子學、理學等十二門；政法科大學分政治學及法律學二門；文學科大學分中國史學、萬國史學、中外地理學、中國文學、英國文學、法國文學、俄國文學、德國文學、及日本國文學等九門；格致科大學分算學、星學、物理學、化學、動植物學、地質學六門；醫科大學分醫學及藥學二門；農科大學分農學、農藝化學、林學、獸醫學四門；工科大學分土木工學、機器工學、造船學、造兵器學、電氣工學、建築學、應用化學、火藥學、採礦及冶金學九門；商科大學分銀行及保險學、貿易及販運學、關稅學三門。至於通儒院為研究各科學精深義蘊，以備著書製器之所。通儒院生但在齋舍研究，無講堂功課。（註六八）

奏定學堂章程頒佈時，京師大學堂分科大學尙無合格學生，故先設大學預備科，其課程則比照奏定高等學堂章程辦理。其課程共分三類：第一類為預備入經學科、政法科、文學科、商科等分科大學者應修課程，包括：人倫道德、經學大義、中國文學、外國語、歷史、地理、辨學、法學、理財學、體操等十門；第二類爲預備入格致科、工科、農科等分科大學者應修課程，包括：人倫道德、經學大義、中國文學、外國語、算學、物理、化學、地質、礦物、圖畫、體操等十一門；第三類爲預備入醫科大學者應修課程，包括：人倫道德、經學大義、中國文學、外國語、拉丁語、算學、物理、化學、動物、植物、體操等十一門。(註六九)

光緒三十年（一九〇四），京師大學堂成立優級師範科，將原設師範館學生改爲優級師範科。其課程分爲公共科，分類科及加習科三種。其公共科爲第一年學生必修共同課程，包括：人倫道德、羣經源流、中國文學、東語、英語、辨學（卽論理學）、算學、體操等八科。分類科爲入學次年學生就其興趣及專長而分類肄習，共分四類：第一類係以中國文學、外國語爲主。其課程爲人倫道德、經學大義、中國文學、歷史、教育學、心理學、周秦諸子學、英語、德語（或法語）、辨學、生物學、生理學、體操等十三科；第二類係以地理、歷史爲主。其課程爲人倫道德、經學大義、中國文學、教育學、心理學、地理、歷史、法制、理財、英語、生物學、體操等十二科；第三類係以算學、物理、化學爲主。其課程爲人倫道德、經學大義、中國文學、教育學、心理學、算學、物理學、化學、英語、圖畫、手工、體操第十二科；第四類係以植物、動物、礦物、生理爲主。其課程爲人倫道德、經學大義、中國文學、教育學、心理學、植物學、動物學、生理學、礦物學、地學、農學、英語、圖畫、體操等十四科。分類科除必修課程外，尙有選修課程數科，均限三年畢業。加習科係學生修畢分類課程後，自願留堂進修一年，加選有關教育課程，卽人倫道德、教育學、教育制度、教育政令機關、美學、實驗心理學、學校衞生、專校教育、兒童研究及教育演習等十科。（註七〇）

查奏定大學堂章程文學科大學共分九門，舉凡中外史地、中國及英、法、俄、德、日等國文學、無不分門研習、獨於滿蒙文字僅附註於地理學門中國方言項下。光緒三十三年（一九〇七）五月初六日，學部乃奏請於京師大學堂文學科大學增設滿蒙文學一門，列於中國文學之前。（註七一）宣統二年（一九一〇）二月，京師大學堂分科大學正式開辦。在課程方面，經學科大學先設毛詩學、周禮學、春秋左傳學三門，而以四書爲通習課程；法政科大學法律、政治兩門全設；文學科大學先設中國文學、外國文學二門；格致科大學先設化學、地質學二門；農科大學先設農學一門；工科大學先設土木工學、採礦及冶金學二門；商科大學先設銀行保險學一門。各分科大學共同必修課程爲四書及大學衍義。（註七二）民國成立後，將經科歸併於文科內，改設經學一門。（註七三）

觀前述京師大學堂各科課程內容：中西並立，政藝兼重，於智育、體育外，尤重德育，此實爲充分發揮「中體西用」精神的具體表現。

第四節　人　事

京師大學堂的人事任用係以「中體西用」的理論為原則。管理京師大學堂事務大臣固須「明體達用」，而總教習尤須「學賅中外」，其餘分教習各員亦須「中西並用」，一體精選。光緒二十四年（一八九八）五月，軍機大臣會同總理各國事務衙門王大臣奏請慎選管學大臣並簡派總教習云：

「大學堂設立京師，以為各省表率，事當開創，一切制度，均宜審度精詳，非有明體達用之大臣以管攝之，不足以宏此規模。況風氣漸開，各省已設學堂。近又疊奉諭旨，停試八股，講求西學。各省向課制藝書院，自應一律更改。將來學堂日有增益，而無所統轄，必至各分畛域，其弊不可不防。伏乞皇上簡派大臣中之博通中外學術者一員，管理京師大學堂事務，即以節制各省所設之學堂。其在堂辦事各員總由該大臣慎選奏派，命官既須鄭重，而擇師尤關緊要。今士人學無本源，不通中國政教之故，徒襲西學皮毛，豈能供國家之用，今欲轉移之，非精選總教習不可。苟得其人，學術正而道藝興，苟失其人，學術謬而道藝亦誤。伏惟皇上孜孜興學，尤宜慎簡教習，以收尊道敬學之效。總教習綜司學堂功課，非有學賅中外之士，不足以膺斯重任。」（註七四）

同年五月十五日，清廷派孫家鼐爲京師大學堂管學大臣，並授以愼選辦事各員、總教習及分教習的人事任用權。同月二十九日，孫家鼐將京師大學堂總辦、提調各員開具銜名，繕摺奏派：總辦一員，由刑部主事張元濟充任，以稽查功課；提調五員，卽翰林院侍講黃紹箕，翰林院編修朱祖謀，翰林院編修余誠格，翰林院修撰駱成驤，翰林院編修李家駒；支應提調一員，卽戶部主事杜國盛；藏書樓提調一員，卽詹事府左春坊庶子李昭煒；儀器院提調一員，卽工部郎中周暻；管理雜務提調二員，分由戶部主事王宗基、工部員外郎楊士燮充任。其總教習一職，初議延聘天津水師學堂總辦嚴復出任，旋易前議，因此又欲延聘前國子監祭酒宗室盛伯熙及湖南黃益吾，但二人均不通西文，於是改派吏部右侍郎許景澄爲總教習。其分教習八員，卽翰林院編修段友蘭、田庚、田智枚、朱延熙、翰林院庶吉士壽富、章際治，胡濬，內閣中書王景沂等八人。（註七五）張元濟主張京師大學堂總辦、提調各員應辭去各衙門兼行差使，專辦學堂事務，惟管學大臣孫家鼐以爲事多窒碍，未准所請，張元濟因此辭去總辦一職。（註七六）孫家鼐遂改延黃紹箕，黃紹箕出爲典試，以余誠格繼爲總辦。（註七七）總教習許景澄雖在外洋多年，曉暢洋務，而於西文究未熟諳，西學亦欠博通。同年六月二十二日，孫家鼐因奏請添派前同文館總教習丁韙良爲西學總教習，並賞給二品頂戴。（註七八）旋又以劉可毅爲分教習。

光緒二十五年（一八九九）六月初十日，孫家鼐因病乞假，改以許景澄暫管理京師大學堂事務。(註七九)及庚子（一九〇〇）拳匪之亂，清廷剿撫不定。自五月二十日至二十四日，連續召開四次御前會議，籌議和戰。管理京師大學堂事務大臣許景澄與太常寺卿袁昶等於召對時極諫勿信拳匪。慈禧遂疑許景澄與袁昶二人以密語離間德宗，首禍諸臣又乘機誣陷，交章參劾。七月初二日，李秉衡入京後，即奏殺許、袁二人。(註八〇)七月初四日，許、袁二人棄市，旋教習劉可毅亦為兵匪所戕殺。光緒二十七年（一九〇一）十二月初一日，詔令重新開辦京師大學堂，派張百熙為管學大臣。(註八一)翌年正月，張百熙先後奏派執事各員，並延聘中外教習。茲據德宗實錄，國立北京大學廿周年紀念冊等資料，將京師大學堂歷任主持人員列表於後。其餘教職員詳見附錄一。

京師大學堂歷任主持人員一覽表（圖表十）

職別	姓名	任職年月日	離職年月日	備註
管學大臣	孫家鼐	光緒廿四年五月十五日	光緒廿五年六月初四日	實任
管學大臣	許景澄	光緒廿五年六月初四日	光緒廿六年七月初四日	實任
管學大臣	張百熙	光緒廿七年十二月初一日	光緒廿九年十二月廿一日	實任
總監督	張亨嘉	光緒廿九年十二月廿一日	光緒卅二年正月初六日	實任

總監督	曹廣權	光緒卅一年十二月		代理
總監督	李家駒	光緒卅二年正月廿二日	光緒卅三年正月廿四日	實任
總監督	朱益藩	光緒卅三年六月十七日	光緒卅三年十一月廿五日	實任
總監督	劉廷琛	光緒卅三年十一月廿五日	宣統三年九月廿七日	實任
總監督	柯劭忞	宣統二年八月十八日	宣統二年十二月	代理
總監督	勞乃宣	宣統三年十月	民國元年三月	實任
總監督	嚴復	民國元年三月	民國元年五月	實任

（註一）「大清德宗景皇帝實錄」，卷四四一，頁十，光緒二十五年三月甲戌上諭。

（註二）「清朝續文獻通考」，卷一〇六，學校考，頁八六四八。

（註三）吳永口述，劉治襄筆記，「庚子西狩叢談」，卷一，頁一四。

（註四）民國二十三年度，「國立北京大學一覽」，沿革，大事記，頁一。

（註五）「大清德宗景皇帝實錄」，卷四七六，頁九。光緒二十六年十二月丁未上諭。

（註六）「中外條約彙編」，頁五〇一，辛丑和約第二欵（二）：「西曆本年八月十九日卽中曆二十七年七月初六日上諭將諸國人民遇害被虐之城鎭停止文武等考試五年。」

（註七）「北京新聞彙報」，光緒二十七年五月十二日份，頁三，錄四月廿九日蘇報。

（註八）「大清德宗景皇帝實錄」，卷四九一，頁一，光緒二十七年十二月癸巳上諭。

（註九）同前書，卷四九一，頁二，光緒二十七年十二月甲午上諭。

（註一〇）「光緒朝東華錄」㈤，頁四八〇〇－四八〇四光緒二十八年正月丁卯，張百熙「奏陳設立京師大學堂辦法摺」。

（註一一）「大清德宗景皇帝實錄」卷四九三，頁九，光緒二十八年正月癸酉上諭。
（註一二）同前書，卷四九七，頁八，光緒二十八年三月甲子，張百熙「奏開辦譯書局摺」。
（註一三）舒新城編「中國近代教育史資料」，中冊，「欽定京師大學堂章程」，頁五四九。
（註一四）新民叢報，第九號，中國近事，頁三。
（註一五）丁致聘編「中國近七十年來教育記事」，頁八，錄國立北平師大二十一年十一月十九日，校務彙刊第二十五期，一版，載王儀通作「京師大學堂同學錄序」。
（註一六）「大清德宗景皇帝實錄」，卷五〇八，頁一，光緒二十八年十一月癸酉上諭；「新民叢報」，第二十三號，中國近事，頁二三〇。光緒二十八年十二月初一日發行。
（註一七）「大清德宗景皇帝實錄」，卷五〇八，頁二，光緒二十八年十一月乙亥上諭。
（註一八）「大清德宗景皇帝實錄」，卷五一〇，頁五，光緒二十九年正月丁卯上諭。
（註一九）「中國近七十年來教育記事」，頁一一—一二。
（註二〇）「大清德宗景皇帝實錄」，卷五一七，頁三，光緒二十九年閏五月丙戌上諭。
（註二一）「新民叢報」，第四一、四二合號，紀事，學務近聞，頁四，載奏定大學堂章程命意出自張之洞而由特科陳毅、胡鈞執筆。
（註二二）「大清德宗景皇帝實錄」，卷五二三，頁二一，光緒二十九年十一月丁未上諭。
（註二三）同前書，卷五二五，頁三，光緒二十九年十二月庚午上諭。
（註二四）「東方雜誌」第二年，第四期，頁六一七，「大學堂總監督奏開辦預備科並添招師範生摺」。
（註二五）「張文襄公全集」，卷六一，奏議，「釐訂學堂章程摺」，頁一七。
（註二六）「學部官報」第十三期，學部章奏，「奏陳進士館學員畢業考試辦法摺」，頁一〇一。
（註二七）「東方雜誌」，第二年，第一期，雜俎，光緒三十年中國事記，頁一。
（註二八）「清朝續文獻通考」，卷一〇六，頁八六五〇。

（註二九）房兆楹輯「清末民初洋學學生題名錄初輯」，「京師大學堂同學錄」，曹廣權序，頁五六。

（註三〇）同（註二六）。

（註三一）「教育大辭書」，頁九六一；「大清德宗景皇帝實錄」，卷五四二，頁一二，光緒三十一年二月癸酉上諭。

（註三二）「東方雜誌」，第二年，第七期，雜俎，光緒三十一年四月中國事記補遺，頁五三。

（註三三）「大清德宗景皇帝實錄」，卷五四八，頁四，光緒三十一年八月甲辰上諭。

（註三四）同前書，卷五五一，頁四，光緒三十一年十一月己卯上諭。

（註三五）同前書，卷五五七，頁一，光緒三十二年三月戊辰，「學部奏請將教育宗旨宣示天下摺」。

（註三六）「學部官報」，第十八期，文牘，頁一〇〇。

（註三七）同前書，第十七期，文牘，頁九四，「學部咨大學堂師範舊班學生擇送英美法等國肄業專門學校文。」

（註三八）「學部官報」，第二十七期，文牘，頁一四〇。

（註三九）「政治官報」，光緒三十四年五月二十三日，第二三三號，摺奏類，頁五。

（註四〇）「學部官報」，第六十四期，學部章奏，頁二。

（註四一）「教育雜誌」，第一年，第二期，記事，開辦分科大學之佈置，頁七。

（註四二）「政治官報」，第七九六號，宣統元年十二月初二日，摺奏類，「學部奏籌辦京師分科大學並現辦大概情形摺」頁一〇。

（註四三）「學部官報」，第八十五期，學部章奏，「奏大學堂預備科改爲高等學堂遴員派充監督摺」頁五。

（註四四）「教育雜誌」，第一年，第六期，記事，本國之部，頁三七。

（註四五）同前書，第二年，第三期，記事，大學堂近事，頁二〇。

（註四六）同前書，第二年，第一期，記事，本國之部，頁一。

（註四七）同前書，第三年，第一期，記事，宣統二年教育大事記，頁一。

（註四八）「中國近七十年來教育記事」，頁三四，引辛亥刊京師譯學館校友錄。

（註四九）「皇朝道咸同光奏議」卷七，變法類，學堂條，軍機大臣、總理衙門：「遵籌開辦京師大學堂疏附章程清單」，頁七—十二。

（註五〇）「光緒朝東華錄」㈨，頁四八〇〇—四八〇一。光緒二十八年春正月丁卯，張百熙「奏陳設立京師大學堂辦法摺」。

（註五一）「中國近代教育史料」中冊，「欽定京師大學堂章程」，頁五五〇—五六四。

（註五二）同前書，「奏定大學堂章程」，頁五七八—五七九。

（註五三）「奏定大學堂章程」，大學堂附通儒院，教員管理員章第五，頁八三—八六。

（註五四）「學部官報」，第二十八期，學部章奏，「奏改大學堂總監督為實缺摺」，頁二〇五。

（註五五）同前書，第三十八期，學部章奏，「奏京師大學堂總監督改用銅質關防片」，頁二五一。

（註五六）「政治官報」，宣統元年十二月初二日，第七九六號，摺奏類，「學部奏籌辦京師分科大學並現辦大概情形摺」頁一〇。

（註五七）「教育雜誌」，第二年，第二期，記事，本國之部，頁十一。

（註五八）「光緒朝東華錄」㈦，頁三七七三。光緒二十二年五月丙申李端棻奏「請推廣學校以勵人才摺」。

（註五九）「時務報」，第二十冊，官書局「議覆開辦京師大學堂摺」，頁六。

（註六〇）「皇朝道咸同光奏議」，卷七，變法類，學堂條，光緒二十四年五月丁卯軍機大臣、總理各國事務王大臣「遵籌開辦京師大學堂疏附章程清單」，頁九。

（註六一）「光緒朝東華錄」㈦，光緒二十四年六月甲辰，管學大臣孫家鼐「奏籌辦京師大學堂大概情形摺」，頁四一三八。

（註六二）「大清德宗景皇帝實錄」，卷四五八，頁九，光緒二十六年正月乙卯上諭。

（註六三）「光緒朝東華錄」㈨，頁四八〇〇，光緒二十八年正月丁卯，張百熙「奏設立京師大學堂辦法摺」。

（註六四）「中國近代教育史資料」中冊，「欽定京師大學堂章程」，頁五五一—五五五。

（註六五）同前書，頁五五七。

(註六六) 同前書，頁五五七—五五九。

(註六七) 「新民叢報」，第三十四號，教育時評，頁一。

(註六八) 「中國近代教育史料」，中册，「奏定大學堂章程」，頁五七八—六二三。

(註六九) 「奏定學堂章程」，高等學堂，學科程度章，頁二。

(註七〇) 同前書，「優級師範學堂章程」，學科程度章，頁四—一六。

(註七一) 「學部官報」，第二十三期，學部章奏，頁一九五，「奏派滿蒙文高等學堂監督摺附奏大學堂增設滿蒙文學一門片」；「大清德宗景皇帝實錄」，卷五七三，頁八，光緒三十三年五月丙申上諭。

(註七二) 「政治官報」，宣統元年十二月份，十二月初二日，第七九六號，摺奏類，學部「奏籌辦京師分科大學並現辦大概情形摺」，頁一〇—一二。

(註七三) 「教育大辭書」，「國立北京大學」條，頁九六一。

(註七四) 「光緒朝東華錄」㈦，頁四〇九〇，光緒二十四年五月丁卯上諭；于延熙、王樹敏合編「皇朝道咸同光奏議」，卷七，頁七，軍機大臣、總理衙門「奏遵籌開辦京師大學堂疏附章程清單」。

(註七五) 翦伯贊等編「戊戌變法史料」，第三册，頁三八四，光緒二十四年六月初三及初八日，國聞報。

(註七六) 同前書，第三册，頁三八七。

(註七七) 「國立北京大學廿周年紀念册」，沿革一覽，大學成立記，頁一。

(註七八) 「光緒朝東華錄」㈦，頁四一三七，光緒二十四年六月甲辰孫家鼐「奏籌辦大學堂大概情形摺」。

(註七九) 「大清德宗景皇帝實錄」，卷四四六，頁一五。光緒二十五年六月丙戌上諭。

(註八〇) 「清議報」第五十四册，頁六，中國近事，義和團滋事七誌。
又：清朝續文獻通考，卷一〇六，頁八六四九，喻長霖謂孫家鼐因病乞假，係因許景澄諷其辦學太偏於理學。
又：許景澄被殺原因，異說紛紜，北京新聞彙報，二十七年五月二十七日，摘錄光緒庚子年艾聲日譜，頁一三，謂曾搜出許景澄私通洋人密書，或因此而見殺。

(註八一) 「大清德宗景皇帝實錄」，卷四九一，頁一，光緒二十七年十二月癸巳上諭。

第三章　教育實施

第一節　教育宗旨

中日甲午戰爭以後，中國一般知識分子已知徒襲西藝皮毛，實不足以救亡圖存；同時又深慨於中國聖賢義理之學實爲立國根本，不可盡棄。中西學術必須兼容並包，不可偏廢。「中體西用」遂成爲京師大學堂歷次頒布教育宗旨的理論基礎。

光緒二十二年（一八九六）七月，管理官書局大臣孫家鼐於「議覆開辦京師大學堂辦法摺」中已明確指出中國前設學堂，皆囿於一材一藝，不明大體，無裨大局。中國於京師創立大學堂，必須先定宗旨，即「以中學爲主，西學爲輔；中學爲體，西學爲用」爲立學宗旨。其原奏云：

「宗旨宜先定也。中國五千年來，聖神相繼，政教昌明，決不能如日本之舍己芸人，盡棄其學，而學西法。今中國京師創立大學堂，自應以中學爲主，西學爲輔；中學爲體，西學爲用。中學有未備者，以西學補之；中學有失傳者，以西學還之。以中學包羅西學，不能以西學凌駕中學，此是立學宗旨。日後分科設教，及推廣各省，一切均應抱定此意。千變萬化，語不離宗。」（註一）

光緒二十四年（一八九八）四月二十三日，德宗於「定國是」詔中所宣示之立學宗旨，卽以「聖賢義理之學植其根本，又須博採西學之切於時務者，實力講求」，此實卽「中體西用」的教育宗旨。其終極目標，卽在使「中西並重，觀其會通」，以培育非常人才，而備他日特達之用。（註二）

光緒二十七年十二月初一日（一九〇二年一月十日）詔令續辦京師大學堂爲當前急務，並以「端正趨嚮，造就通才，明體達用」，（註三）爲立學宗旨。光緒二十八年（一九〇二）七月，張百熙所奏呈的欽定京師大學堂章程，卽遵照此次諭旨，以「端正趨嚮，造就通才」，爲立學綱領，以期「激發忠愛，開通智慧，振興實業」。（註四）易言之，卽以中國倫常道德爲學問根本，而輔以西方實用知識，以培植博通中外，體用兼賅，緩急可恃的人才。光緒二十九年（一九〇三）十一月，張百熙、張之洞等釐訂京師大學堂章程，妥籌具奏，明定立學宗旨云：

「至於立學宗旨，無論何等學堂，均以忠孝爲本，以經史之學爲基，俾學生心術壹歸於純正，而後以西學瀹其智識，練其藝能，務期他日成材，各適實用，以仰副國家造就通才，愼防流弊之意。」（註五）

學堂既興，恐士人競談西學，中學將無人肯講，故在奏定大學堂章程內，於中學課程尤爲注重，凡中國向有的經學、史學、文學、理學，無不包擧靡遺。此卽根據「中體西用」的教育宗旨所訂定的課程標準。中西學術既已兼賅，則不患其偏重，亦卽以忠孝爲敷教的根本，以禮法爲訓俗的途徑，以練習藝能爲養生致用的工具。

爲普及教育，確定趨嚮，首須明定宗旨，欲審度宗旨，則須深察國勢民風及強弱貧富的原因。中國政教所固有而亟宜發揚光大以排斥異說者有二端：一爲忠君，二爲尊孔；中國民質所最缺乏而亟宜箴砭改進且大加提倡者有三端：一爲尙公，二爲尙武，三爲尙實。光緒三十二年（一九〇六）三月，學部奏以忠君、尊孔、尙公、尙武、尙實五端爲教育宗旨。三月初一日諭云：

「自古庠序學校，皆以明倫德行道藝，無非造士。政教之隆，未有不原於學術者。卽東西各國之敎育，亦久無人不學爲歸，實中外不易之理。朝廷銳意興學，特設專部，以董理之，自應明示宗旨，俾定趨向，期於一道同風。玆據該部所陳忠君、尊孔與尙公、尙武、尙實五端，尙爲握要。總之，君民一體，愛國卽以保家。政學昌明，翼敎乃以扶世。人人有合羣之心力，而公德以昭。人人有振武之精神，而自強可恃。務講求農工商各科實業，物無棄材，地無遺利，期有益於國計民生，庶幾風俗純厚，人才衆多，何患不日臻上理。著該部卽照所奏各節，通飭遵行。」（註六）

學部所奏教育宗旨，不僅是提出確定教育宗旨的原則而已，且進一步標擧教育的目標。所謂「忠君」，卽應使學生「每飯不忘忠義，仰先烈而思天地高厚之恩，覩時局而懷風雨漂搖之懼，則一切犯名干義之邪說，皆無自而萌。」所謂「尊孔」，卽「宜以經學爲必修之科目，作贊揚孔子之歌，以代末俗澆漓之習，春秋釋菜及孔子誕日，必在學堂致祭作樂，以表歡欣鼓舞之忱。其經義之貫澈中外，洞達天人，經註經說之足資羽翼者，必條分縷析，編爲教科，頒之學堂，以爲圭臬。」但中國處於列强雄視之際，爲救亡圖存，必須培育現代化的國民。中國的通病在「私、弱、虛」三字。爲去私圖强務實，則必須提倡「尙公、尙武、尙實」的精神。近世以來，中國學風日變，於修身齊家之事，多闕而不講，羣情隔閡，各爲其私，意存畛域，支離渙散，自私自利。故所謂「尙公」，卽「必於各種教科之中，關於公德之旨，團體之效，條分縷析，輯爲成書，總以尙公爲一定不移之標準。務使人人皆能視人猶己，愛國如家，蓋道德教育，莫切於此矣。」甲午以後，清廷雖銳意武備，以練兵爲第一要務，然終未能使薄海之民，捐生赴死，緩急不可恃，乃是由於國民偷惰之心厚而忠義之氣薄；性命之慮重而國家之念輕。故所謂「尙武」，卽須從改革教育入手，於學堂隱寓軍律，以培養國民耐苦剛健的體質，嚴守紀律的精神，使人盡知兵，而樂於戰鬪。自英人培根提倡實驗學派以來，實事求是的風氣漸興，此卽西方科學日益昌明，製造實業漸趨發達的主要原因。故所謂「尙實」，卽應使學術能本諸躬行實踐，發爲事功，崇尙實證，發達實業，使人人有可農可工可商之才，並以之下益民生，上裨國計。(註七)前述教育宗旨的重視德育，正是「中體西用」精神的高度表現。同年十二月諭：

「學術人心，關繫至大，疊經降旨宣示，學堂以中學爲主，西學爲輔，培養通才，首重德育。並以忠君、尊孔、尙公、尙武、尙實諸端定其趨向」。（註八）自光緒三十二年（一九〇六）至宣統三年（一九一一），學部所奏教育宗旨，未再修訂。民國成立後，雖刪去「忠君」，「尊孔」二端，但民國元年（一九一二）九月教育部所頒布的教育宗旨——注重道德教育，以實利教育，軍國民教育輔之，更以美感教育完成其道德，仍受到「中體西用」教育思潮極大的影響。

第二節　教材與教法

清季雖於京外紛紛創辦新式學堂，但對教材的編輯，並未重視。故談中學則四庫七略，浩如煙海，雖窮年累月，殫精竭慮，亦僅能望洋浩歎；談西學則東抄西錄，斷章取義，顧此失彼，徒襲皮毛，而成效終不可覩。反之，外國學堂，皆編有教本，由淺入深，條理秩然，收效自然顯著。光緒二十四年（一八九八）五月，軍機大臣與總理衙門王大臣有鑒於此，特於議覆開辦京師大學堂疏中，請飭編譯局統籌編輯課本，以備各學堂採爲教材。其原疏云：

「今宜在上海等處，開一編譯局，取各種普通學，盡人所當習者，悉編爲功課書，分小學、中學、大學三級，量中人之才所能肄習者，每日定爲一課。局中集中西通才，專司纂譯。其言中學者，薈萃經子史之精要及與時務相關者編成之。取其精華，棄其糟粕；其言西學者，譯西人學堂所用之書，加以潤色，即勒爲定本。除學堂學生每人給一份外，仍請旨頒行各省學堂，悉遵教授，庶可以一趨向，而廣民智。」（註九）

京師大學堂，雖於光緒二十四年（一八九八）冬正式開辦，因係草創，制度未立，因陋就簡。中經拳匪之亂，所有堂中書籍，散佚殆盡。光緒二十八年（一九〇二）正月，詔令續辦京師大學堂後，管學大臣張百熙奏請就京師官書局舊址，開辦編書局一所，內設總纂、分纂、正校、襄校等員，專司採買西書，編印譯本。但編書局的任務，不僅是翻譯西書，更須編纂各科課本。因大學堂既須考究西政西藝，故應翻譯此類書籍。因其中有與中國風氣不同，以及牽涉宗教之處，自須增删潤色。至於中國四書五經，爲人人必讀之書，亦應分年計月，垂爲定本。此外諸子百家之書，浩如煙海，亦宜編爲簡要課本，按時計日，分授諸生。京師大學堂除採用編書局所編譯之教本外，各科教習尙須自編講義，教者固可稍有依據，學者亦得略傍津涯。茲據現存京師大學堂各科講義，略述於後。

京師大學堂重新開辦以後，中外教習，分門授課，編撰講義，躬自講述，皆不外以「明體達用，端正趨向」爲宗旨。其倫理學講義，係由京師大學堂副總教習張鶴齡所撰述。全書凡二十章：第一章「公理公法」；第二章「愛敬」；第三章「感應」；第四章「人己」；第五章「及身交際」；第六章「公衆相關」；第七章「合羣理法」；第八章「自盡交盡」；第九章「境界」；

第十章「世界」；第十一章「國種界」；第十二章「法律關繫」；第十三章「學術關繫」；第十四章「教育關繫」；第十五章「知行」；第十六章「經權」；第十七章「內情外感」；第十八章「性理」；第十九章「命理」；第二十章「仁義理智信」。張鶴齡於倫理學講義緒論中首先指出東西政教文物，有「可變者」與「不可變者」的分別，前者為「法」，後者為「理」。張鶴齡云：

「竊維今日之設學堂也，以變法自強為宗旨。凡事勢人情之適宜，而不可不變者，皆法也；凡管乎成敗與衰之本源，而必不可變者，皆理也。今東西各強國保種、理財、尚武之術，考之吾古之陳跡，往往不合，法之事也；及究其政體，求其所以然之故，則又與吾古聖賢所言者往往而合，理之事也。」（註一〇）

清季的變法自強，乃是因時制宜，因異求變，法愈變而理愈以長存。中國古聖先賢以倫理教萬世，故其立言能包萬法，而統萬變。聖賢倫理之言，既萬殊一本，故能成為一切政學的基礎，及施教的宗旨。易言之，倫理為「體」，萬法為「用」，明體達用，考古通今，則人才可恃，富強可期。故張鶴齡編撰倫理學講義的動機卽欲「考求倫紀，歸宗六經，參以先賢之講說，證以史家之事跡，叩咨環球立國之道，返求聖人先得之理。理為經焉，法為緯焉。庶幾辨其異，統其同，大道既明，詖辭以息。」（註一一）其後，張鶴齡鑒於範圍太廣，陳義過高，乃別輯「修身倫理教育雜說講義」一編，兼行講授。全書凡三目二例：以修身倫理爲第一類；以教育學爲第二類；以雜說爲第三類。附錄「論私德與公德之關係」與「論知識不全害於行事之弊」二文。張鶴齡所編撰的倫理講義，其發端起例，於人治、理、法三者之間，討論不殫其煩，尤以闡揚公德精義者爲多。

經學科講義係由教習王舟瑤負責講述。王舟瑤在本書「讀經法」文中論學問有精神與形式之分：精神之學問屬於「爲己之學」，其主旨在「明乎物競天擇之義，優勝劣敗之理。思我國何以弱，彼國何以強，推究原因，知所從事。其讀史書，知何者可行，何者不可行，究人羣之進化，知立國之本原，坐言起行，見諸實用。」；形式之學問則屬於「爲人之學」，其主旨在「貪多務博，西抹東涂。泛覽羣書，爲古人之奴隸。涉獵新史，拾西士之唾餘。」(註一三)但無論爲精神或形式之學問，均須以德育爲本，以智育、體育爲輔。全書共計十一章：第一章「孔門傳授」；第二章「易家」；第三章「尙書家」；第四章「詩家」；第五章「禮家」；第六章「春秋家」；第七章「孝經家」；第八章「論語家」；第九章「孟子家」；第十章「爾雅家」；第十一章「小學家」。附錄「羣經大義述」，「通變篇」，「自強篇」三文。全書內容以討論自強的精義爲主旨。所謂自強，可分強以力，強以智，強以德三個階段。易言之，據亂世競力，升平世競智，太平世競德。教育上所提倡的德育、智育、體育，實即中庸之所謂的「智、仁、勇」三達德。一國治化的進退，與其民力、民智、民德適成比例。自強的內涵即在充實民力，培養民智，陶冶民德。分而言之，體育以强其種，智育以致其知，德育以齊其行。太平世旣與德育並重，體育與智育均不過爲達到太平世的手段而已，故於智育，體育之外，特重德育。一言以蔽之，淸季的變法自强，其終極目標便是要使中國進於太平世的階段。

歷史科講義，包括：史學科講義；中國史講義；中國通史講義；萬國史講義四門。史學科講義係由敎習屠寄撰述。全書共分二編。其第一編討論太古史，內分四章：第一章「自開闢至敍命紀」；第二章「自鉅靈氏至神農」；第三章「自黃帝至帝摯」；第四章「人民開化之度」。其第二編討論上古史，共計五章三十三節：第一章「唐虞」史。內分唐虞治績，唐虞以前種族之爭，唐虞以前之疆域等四節；第二章「夏后氏」。內分夏之興起，啓之嗣位，后羿寒浞之亂，少康中興，及夏之衰亡等五節；第三章「商」史。內分商之先世，成湯之興，伊尹略傳，殷之中葉，商之衰亡，商時疆域屬國，夏商官制田制，及夏商禮俗等八節。第四章「西周」史。內分周之先世，武王克商，周初封建，周公東征，周公政績，周初外交，成康致治，昭王南征不復，穆王巡狩四方，共懿孝夷四王，厲王監謗，周宣王中興，幽王之亂，平王東遷，西周制度等十四節；第五章「春秋」史。內分春秋十三國之原始及位置，齊桓宋襄之霸等二節。(註一三)

中國史講義係由敎習陳黻宸擔任講述。其原講義殘缺不全，僅存「政治之原理」，「社會之原理」，「孔子作春秋」，「孔子之門」，「孔子弟子之軼聞」，「孔子弟子之派別」，「老墨之

學」等章。(註一四)

中國通史講義係由教習王舟瑤編講，全書共七章三十七節：第一章「三皇五帝」。內分伏羲、神農、黃帝、堯舜等四節；第二章「三代」。內分夏、商、周初、墨家、名家、法家、陰陽家、縱橫家、農家、兵家、醫家、雜家等十三節；第四章「秦漢」。內分秦、西漢、東漢三節；第五章「漢學別派」。內分諸經立學先後，易家、尙書家，詩家、禮家、春秋家、論語家、孝經家、小學家、黃帝辨、黎民辨等十節；第六章「三國、晉、南北朝」。內分概論，三國儒學、晉儒學、南北朝儒學、老莊之學、文學等五節；第七章「隋唐五代」、內僅隋、唐等二節。(註一五)

萬國史講義，其編纂者爲京師大學堂日本教習服部宇之吉。首先討論萬國史的釋義，萬國史開卷時間，萬國史的分期等問題。原講義共計四章：第一章「埃及與亞細亞諸國之關係」；第二章「希伯來族全盛之時代」；第三章「亞西里亞帝國，四大强國崛起」；第四章「希臘國發達概略」。(註一六)

中國地理講義，分爲中國地理與中國地理志二類，均由教習鄒代鈞編撰。中國地理講義共計二卷，卷首爲地理學總論，內分三節：第一節「數理地理學」。討論地球與天體的關係，地球的體式及面積、體積，地球的運動、方位、氣候帶及經緯度；第二節「自然地理」。分別討論水陸的配置，大陸的區別，地面的改變，水的區別，海水的運動、大氣、風、雲、霧、雨、雪、霰、雹、虹霓、雷電、氣候、植物、動物、人類、礦物等問題；第三節「政治地理學」。分述各國民的生業，社會的情態、語言、文字、宗教、政體與交通等問題。卷一爲亞細亞洲總論，包括：釋名、位置、境界、面積、人口、地勢、海岸線、島及半島、海及海灣、高地、平原、沙漠、分水界、江河、及氣候等。(註一七)中國地理志講義，共三十五課。分別討論中國疆域、地勢、海岸等問題。(註一八)鄒氏所編中國地理講義，最稱完備，頗得學生好評，獲益良多。(註一九)

經濟學講義，分爲經濟學通論與經濟學各論二類，均由京師大學堂日本教習於榮三郞編撰。經濟學通論講義，凡五篇十五章：第一篇「總論」。內分經濟學之釋義及門類，經濟學之基礎觀念等二章；第二篇「生產」：內分生產之釋義及要質、自然、勞力、資本、餘論等五章；第三篇「交易」。內分交易之釋義、物價、貨弊、信用、交通及保險等五章；第四篇「分配」。包括分配之釋義，賃金、利息、企業利益等五章；第五篇「消費」。包括消費之釋義及分類，奢侈等二章。(註二〇)貨弊學列入經濟學各論之中，尙未獨立爲一科，分爲上下二篇：上篇「硬幣」，共十七章，分別討論貨幣之起源，貨幣之定義，貨幣之職分，貨幣之材料，鑄造貨幣，貨幣之單位名稱，貨幣之處理，本位之爭論，貨幣方式，貨幣沿革等；下篇「紙幣」，共計十章，討論紙幣之性質，紙幣之利害，紙幣之發行權，紙幣之分類，兌換紙幣發行法，不換紙幣，證券準備，正貨準備，紙幣發行機關，紙幣之技術等。(註二一)

心理學講義，由日本服部宇之吉負責講述，共二篇九章。第一篇「知之作用及理法」，包括：感覺之作用及理法；知覺之作用及理法；想像之作用及理法；思想之作用及理法等四章。第二篇「情之作用及理法」，包括：恐怖及忿怒；同情及愛情；自我之情；異性相愛之情；情之單簡者進成複雜者之情形等五章。(註二二)

掌故學講義係由教習楊道霖編撰。楊氏首先指出所謂掌故，不僅是强記佚聞瑣事而已，凡有益於國計民生者皆當蒐討，故應取皇朝通考、通典、通志、列朝聖訓、方略、大清會典、王氏蔣氏東華錄、滿漢名臣傳、魏氏皇朝經世文編、聖武記、海國圖志、諸名臣奏議書牘，並採輯洋務時政等事擇要編輯。楊氏所編掌故學講義，其條目包括：開國祖德、武烈、政敎、國宇、風俗、聖武、官制、稅輸、典禮、科擧、學校、疆域、各國大勢、中外交涉、商務、兵政、刑律、工政等依類編纂，並加按語，附陳論說，楊氏最後討論「中體西用」的思想云：

「大抵中學多主義理，其弊易涉於虛；西學多求實用，自宜急以西學補吾不足。中學如權衡；西學如百貨，兩者交相爲用，不可偏廢，推求其是，貴於會通。」(註二三)

中學素有根柢者，實宜多講西學，考校工藝商務實用之學。以中學爲主，西學爲輔，化去新舊之見，這方爲造就眞正人才的正確途徑，亦爲國家圖自强的始基。

京師大學堂的敎學法，因科目不同，方法亦不一致。從前京師同文館等舊設學堂，因師範學堂未立，教習又不得其人，故一切教法，皆不甚講究，教學亦不重效果。光緒二十四年（一八九八）五月，軍機大臣暨總理衙門王大臣於議覆開辦京師大學堂時，即奏請模仿西方國家設立儀器院，以備各種實學作實驗之用。(註二四)

京師大學堂亦利用暑期遊歷，從事參觀教學活動。光緒二十九年（一九〇三）五月，籌議派遣大學堂學生自備資斧，另選東文學生數名，經費由官方補助，由仕學館正教習日本法學博士巖谷孫藏率領，東赴日本游歷參觀。(註二五)

京師大學堂日本教習多數不能說華語，其講義須由繙譯員傳述，而往往有扞格不入之弊。其後乃規定師範、仕學兩院全班學生皆須添習日本文字。(註二六)

京師大學堂因仕學館與師範館學生的年紀多半較大，出身又高，國學根柢亦極深厚。因此，在教學法上特別注重討論方式，而養成師生之間，「互相討論，坐而論道」的風氣。(註二七)

至於京師大學堂學生上堂學習，均有明確規定。學生每日到堂後，須由提調，教習，或仕學院職官輪流派員宣講四書五經一段，或資政要覽，勸善要言等文字。然後開始分門授課，學生須先習中學，俟入學十餘日後，再由教習，或提調，根據學生志向與能力，令其分門肄習。平日尤重寫作閱讀劄記，學生每日上課內容，課外閱讀心得等均須作劄記。同時規定分經義、史事、政治、時務四類，按日劄記，自抒己見，不論篇幅長短，翌日上堂時須呈請分教習評閱，分教習分別訂正登記，優者雙圈，次者單圈，再次者則尖圈，又次則一叉，按月呈交提調轉請總教習察核，京師大學堂在草創之初，學生程度參差不齊，為便於教學，畫一進度，京師大學堂又採取能力分組制度。(註二八)其中對中西學術的時數分配，中學與西學每日各以二小時在課堂內學習，而於歸齋自修時則聽其自擇。在光緒二十五年（一八九九）間，京師大學堂規定學生午前讀經史，午後習科學，如格致、算術、化學、西文等科。(註二九)

京師大學堂教習為便於教學，多編有講義，但多數學生僅知記誦講義。國立北京大學校長蔡元培於光緒三十二年（一九〇六）曾在京師大學堂譯學館擔任教習，講授國文及西洋史，蔡氏於學生記誦講義一事言之甚詳：

「我在譯學館的時候，就知道北京學生的習慣。他們平日對於學問上並沒有什麼興會，只要年限滿後，可以得到一張文憑。教員是自己不用功的，把第一次的講義照樣印出來，按期分散給學生，在講壇上讀一遍，學生覺得沒有趣味，或瞌睡，或看看雜書。下課時把講義帶回去堆在書架上。等到學期、學年或畢業的考試，教員認眞的，學生就拼命的連夜閱講義，只要把考試對付過去，就永遠不再翻一翻了。」(註三〇)

但京師大學堂亦不乏努力發憤的學生。仕學館學生因史地教習楊模既未能充分利用教具，繪製地圖，且對輿地一科並非其所長，「僅耳食五洲之名，實未辨八方之向。」卽其史學一科，「亦屬專抄左傳，略無條理，終鮮發明，不識列邦政治之綱，不解人羣進化之理，尸居講習，請益無從。」（註三二）遂有光緒三十年（一九〇四）八月二十日，京師大學堂學生聯合上書管學大臣請辭退輿地兼歷史教習楊模之舉。

第三節　學生入學

京師大學堂在籌議初期，對學生入學資格尚無明確規定。光緒二十二年（一八九六）正月，官書局管理大臣孫家鼐在開辦官書局章程中，議設學堂一所，規定「凡京官年力富强者，子弟之資性聰潁安詳端正者，如願學語言文字，及製造諸法，聽其酌出學資，入館肄習。」（註三三）同年五月，李端棻奏請於京師設立大學堂，則進一步規定學生入學資格，即「選舉貢生年三十以下者入學，其京官願學者聽之。」（註三四）至同年七月，孫家鼐議覆開辦京師大學堂辦法時，對學生的來源已有較具體的規定，同時亦以「中體西用」為思想基礎，以體用兼賅，兼通中西學術者為上選。其原摺云：

「年以二十五歲為度，以中學西學一律賅通者為上等；中學通而略通西學者次之；西文通而粗通中學者又次之。……由同文方言各館調取，內外各衙門咨送，及舉貢生監曾學西文者，自行取結投考。惟中西各學，均須切實考驗，第其優劣，分別去留。仍須性行溫純，身家清白，方能入選。四小學之學生，年以十五歲爲度，便於習學語言。創辦時額數無多，暫由滿漢各官員子弟中，報名投考。亦須中文粗通，識字稍多者，方能入選。不足，再出示招考，由鄉鄰具結，確係讀書世家，乃准與考，考取入學。自備薪水，不出束脩，數年後中西各學俱通，升入大學堂，始給薪水，以示鼓勵。」(註三四)

光緒二十四年(一八九八)四月，爲擴大學生來源，放寬入學條件，又於「定國是」詔中規定京師大學堂學生入學資格，即所有「翰林院編檢，各部院司員，大門侍衛，候補候選道府州縣以上及大員子弟，八旗世職，各省武職後裔，其願入學堂者，均准入學肄習。」(註三五)以期人才輩出，共濟時艱。根據此詔，京外官及其子弟，凡願入學堂者，均准予入學肄業，並無先行甄別考選的規定。對入學年齡、學歷、品行高下、天資優劣等均未加限制。同年五月，在軍機大臣暨總理各國事務衙門王大臣所議奏的開辦京師大學堂章程中，規定前述各項人員，願入大學堂肄業者，需取結報名，先作爲附課生，俟一月後，由總教習、提調等考察其品行資質後，始正式入學。並規定學生入學分爲兩項：以前項諭旨所列翰林院編檢，各部院司員，大門侍衛，候補後選道府州縣以上及大員子弟，八旗世職，各省武職後裔，其願入京師大學堂肄業者爲第一項，作爲二班學生；各省中學堂學成領有文憑，咨送京師大學堂肄業者爲第二項，須先由總教習考試，其修畢普通學者即作爲頭班學生，其未卒業者仍作第二班，循序而升。(註三六)同年六月，管理京師大學堂事務大臣孫家鼐因鑒於科甲出身京官，中學必已通曉，其所以入學肄業，實專爲探求西學而來，乃於「奏籌辦大學堂大概情形摺」中議設仕學院，由進士、舉人出身之京官入學肄習。(註三七)

光緒二十八年（一九〇二）正月，京師大學堂成立預備、速成二科，其入學資格各有規定。預備科由中學堂畢業得有文憑者升入肄業。查京外所設學堂已歷數年，尤以湖北自強學堂、上海南洋公學辦理最具成效。此外，如京師同文館，上海廣方言館，廣東時敏學堂，浙江求是學堂，天津高等學堂，出洋游歷學生，外洋華裔子弟，其入學資格，皆符合取入預備科肄業。京師由大學堂招考，另由各省督撫學政，依照京師大學堂擬定格式，就地考取各府州縣高才生，咨送京師大學堂，由管學大臣覆試及格後，方准入學肄業，俟三年期滿，分別報考正科肄業；速成科學生入學資格則規定凡京員五品以下，八品以上，以及外官候選暨因事留京者，道員以下，教職以上皆准考入仕學館。舉貢生監等皆准考入師範館。其仕學館新生則限由京師考錄，其師範館新生與預備科學生入學考試循例辦理。但無論預備科或速成科，其應考各生，必須身家清白，體質强實，並無疾病與不良嗜好者，方准報考。在京師應考學生，須取具各旗佐領圖，同鄉京官印結，報名投考。外省學生則按照京師大學堂頒發格式辦理。(註三八)

光緒二十九年（一九〇三）十一月，清廷頒布「奏定大學堂章程」，於學生入學限制更加明確。各分科大學應以高等學堂，大學預科畢業生升入肄業。但其應升入學生人數若逾各分科大學預定額數時，則須統加考試，擇優取入大學。其入學人數若未達預定額數，各項高等學堂與大學預科程度相等的畢業生，以同等學力資格升入肄業。（註三九）大學預科則應考選中學堂畢業學生升入肄業。但此時學堂初開，尙無此等合格學生，爲酌量變通，得選品行端謹，中國經史文學確有根柢者，先補習歷史、地理、算學、格致、圖畫、東語、英語、體操等各種普通學一年後升入預備科的正科肄業。（註四〇）惟此辦法係一時權宜之計，至光緒三十四年（一九〇八），上距奏定學堂章程頒行，已將及五年，京師大學堂仍援據變通招考成案辦理，而不問學生程度，遷就招收，以致流弊叢生，中學堂未畢業學生往往不自揣學力，越級躐等，報考大學預科，長此以往，則中學堂將永無畢業生。同年四月，學部乃奏請限制各項學堂招考章程，規定自本年六月起高等以上學堂停止變通招考之例。分科大學選科，必須招收高等學堂，大學預科畢業及與高等學堂同等學力學生入學肄業。大學預科不得招考未經各中等學堂畢業學生。優級師範學堂應考選中學堂畢業學生，或初級師範學堂畢業學生，不得招考未經各中等學堂畢業學生。（註四一）

京師大學堂籌辦分科大學，擬於宣統二年（一九一〇）先開辦經、文、格致、工四科，即以第一次預備科畢業學生升入肄業，而師範科學生中亦不乏遠到之才，准予變通辦理，令其先行升學，俟分科畢業後，再補盡五年義務。京師大學堂總監督根據入學各生所塡志願書核發各分科肄習，其分發原則可列擧於後：

一、經科暨文科中之中國文學門、中國史學門，專以中學爲本。其原在大學堂畢業學生，於本國學問均有根柢，故無論預科或師範學生，凡經總監督考驗合格學生，得升入經科及文科中之中國文學與史學門。

二、文科中如英文科、法文科、德文科，因專重外國文。師範科第一類學生，專係研究英文，合於升入文科中英文門。

三、工科學額較廣，其學務求實用，凡預科畢業生英文班人員較多，均歸入工科肄業。

四、近世各國科學發達，首推德國，故格致科學生必須深通德文。預科德文班畢業學生，均歸格致科肄業。(註四二)

京師大學堂分科大學開辦之初，學生尙未足額，志願入經科者尤少。宣統元年(一九〇九)五月，京師大學堂總監督劉廷琛奏請飭各省遴選經明行修，中學具有根柢的科舉舉人保送到京，以備肄業經科大學之選。旋經學部妥議，准予所請，分咨各省將從前科舉時舉人、拔貢、優貢三項人員查其經學根柢素深者考選送京考驗合格後升入經科肄業。(註四三)

就本文附錄京師大學堂師範、預備兩科歷屆畢業獎勵學生的籍貫分佈來看，其學生來源實遍及中國十八行省。在本文附錄師範、預備兩科歷屆畢業獎勵學生一覽表內所有四百一十三名學生中，尤以廣東省籍學生居多數，計五十二名，佔百分之十二，浙江省籍居次，計四十三名，佔百分之十點四，江蘇省籍又次之，計四十二名，佔百分之十，其餘直隸籍計四十名，湖南省籍計三十四名，八旗駐防計二十八名，湖北省籍計二十四名，安徽省籍計二十二名，福建省籍計二十一名，山東省籍計十九名，江西省籍計十五名，貴州、四川省籍各爲十二名，雲南、山西省籍各爲十名，奉天、河南省籍各爲八名，陝西省籍計七名，甘肅省籍計三名，廣西省籍計二名，新疆省籍計一名。

就京師大學堂的學生年齡來看，在師範科第一次畢業獎勵共九十名學生中，其畢業年齡最大者爲四十九歲，最小者爲二十一歲。其各組年齡的分配，四十歲以上者計二名，佔百分之二，三十五至三十九歲者計四名，佔百分之四，三十至三十四歲者共計爲二十八名，佔百分之三十一，二十五至二十九歲者計四十一名，佔百分之四十六，二十至二十四歲者計十五名佔百分之十七。其平均年齡則爲二十九點七歲。在師範科第二次畢業獎勵一百九十九名學生中，已無四十歲以上的學生。其學生年齡最大者爲三十九歲，最小者爲二十一歲；其各組年齡的分配，三十五歲以上者計十二名，佔百分之六，三十至三十四歲者計七十三名，佔百分之三十七，二十五至二十九歲者計九十四名，佔百分之四十七，二十至二十四歲者計二十名，佔百分之十；而其平均年齡則爲二十八點三歲。在預備科第一次畢業獎勵一百二十四名學生中，其畢業年齡，最大者爲三十四歲，最小者爲二十一歲；各組年齡的分配，三十至三十四歲者僅九名，佔百分之七，二十五至二十九歲者計七十六名，佔百分之六十二，二十至二十四歲者計三十九名，佔百分之三十一，其平均年齡則僅爲二十五點九歲。從上述學生入學年齡的比較來看，其師範科第二次畢業生的年齡已較其第一次畢業生的年齡爲小。但無論是學生個別年齡或平均年齡，預備科學生的入學年齡又遠較師範科學生顯得更小。

就京師大學堂的學生入學資格來看，則以附生居最多數。在師範科第一次畢業獎勵九十名學生中，附生計二十六名，佔百分之二十八，監生居次，計十九名，佔百分之二十，廩生又居其次，計十三名，佔百分之十四，舉人計六名，佔百分之五，其餘尙有副榜、增生、貢生、文童等學生；在師範科第二次畢業獎勵一百九十九名學生中，仍以附生居最多數，計七十三名，佔百分之三十六，廩生居次，計三十一名，佔百分之十五，監生又居其次，計十九名，佔百分之十四，舉人計十三名，佔百分之六；在預備科畢業獎勵一百二十四名學生中，亦以附生居多數，計三十九名，佔百分之三十二，監生計二十三名，佔百分之十八，舉人計十二名，佔百分之九。清季科舉人才的相率轉入新式學堂，以講求實用知識，正可說明清季知識分子對中西學術的認識，已較前更爲深刻。同時由於學校與科舉的合轍同途，與學育才的風氣漸開，教育亦日趨普及。

第四節　成績考查

京師大學堂的學生成績考查，係遵照光緒二十九年（一九〇三）十一月所頒布的「奏定學堂章程」辦理。大學堂自行辦理的考試，可分爲臨時考試、學期考試及年終考試三種。臨時考試無定期，亦無升降賞罰；學期考試，每半年一次，於暑假前舉行，以施沙汰；年終考試，每年一次，於年假前舉行，以定升降級。其成績計算方法，除臨時考試外，均以該生平日品行分數爲一門，與各門分數合計平均。其畢業考試則按科別辦理，預備科及師範科畢業考試，係援照順天鄉試例，由總監督咨呈學務大臣奏請簡放主考，會同學務大臣分內外二場，按所習學科，分門詳加考試，合格者照獎給出身，分等錄用；其大學分科及選科畢業考試則照會試例辦理。大學堂畢業成績計算方法，係將各門分數平均通計，以百分爲滿分，滿八十分以上者爲最優等；滿六十分以上者爲優等；滿四十分以上者爲中等；四十分至二十分止爲下等；二十分以下者爲最下等。其考列中等以上學生，照章分別給獎；考列下等學生，留堂補習一年，再行考試，按等辦理；考列最下等者，給以修業年滿證書，令其出學。（註四四）

京師大學堂師範館於光緒二十八年（一九〇二）十一月內重新開辦，截至光緒三十二年（一九〇六）十二月底止，實已歷四年有餘，應准其參加畢業考試。但「奏定學堂章程」內考試辦法，頗多窒礙難行之處。學部乃將原定學堂考試章程，逐條修改，始漸趨嚴密。改年終考試爲學年考試；學生品行分數，與人倫道德分數合計平均爲人倫道德科分數，不另立一門。畢業考試時，先期由總監督將應考畢業生履歷冊，功課分數冊，請假曠課冊，各教員編撰講義，所用教科書籍，學生筆記成績等彙具齊全，呈送學部備核，定期考試。學生畢業總成績的計算方法，係將學生畢業考試各科總平均與該生歷年考試各科總平均分數相加而平均之，以定等第，照章獎勵，由學部帶領引見。並改滿八十分以上者爲最優等；滿七十分以上者爲優等；滿六十分以上者爲中等；不滿六十分者爲下等；不滿五十分者爲最下等。其畢業考試成績有兩科以上不滿六十分，或一科不滿五十分者不得列爲最優等；有兩科以上不滿五十分或一科不滿四十分者，不得列爲優等。學生因父母之喪，或因本身重病不能與考，而其請假時數未逾全學期四分之一者，准其補考。(註四五)

光緒三十二年（一九〇六）十二月，京師大學堂師範舊班各類課程業經一律授畢。總監督將師範舊班學生各科講義、履歷冊、功課成績表及年考課卷等陸續咨送學部。學部於光緒三十三年（一九〇七）正月十三至十八日，就大學堂舉行分科畢業考試，派員閱卷，評定分數，以畢業平均分數高低，分別等第。(註四六)其中第一類學生顧德保、顧德馨、顧大徵三名，曾於光緒三十二年（一九〇六）十一月因丁艱未參加年考。至光緒三十三年（一九〇七）四月已逾百日。四月十三至十八日，學部按照學科分日考試。除人倫道德、經學、中國文學、周秦諸子學、生物學、英文、歷史等科由學部派員擬題外其餘教育學、心理學等科則由大學堂派員命題，密封呈送學部以備圈選。至體操一科則由大學堂體操教習就大學堂操場舉行考試。各類學生每日分三場舉行，每場考試時間自二小時至三小時不等，端視科目性質而定。(註四七)

在京師大學堂師範、預備兩科畢業獎勵學生中，其畢業平均成績雖在八十分以上，應列最優等，若因其主課不及七十分，則降爲優等，其主課不及六十分者，則改降中等；其畢業平均成績在七十分以上，但因其主課不及六十分，則改降中等。(註四八)惟京師大學堂總監督亦可就學生日常成績奏請學部免予降等。預備科學生方彥忱因主課圖畫僅得五十五分，王祖訓因主課德語僅得五十五分，陳季玉因主課圖畫僅得五十五分，地質礦物僅得五十三分，師範科學生張鴻翼因主課動物實驗僅得二十八分，毛儁因主課動物學僅得四十八分，王燕晉因主課中國文學僅得五十分，陶樂甄因主課動物學僅得五十六分，動物實驗僅得四十分，以上七名主課均不及六十分，應降中等。宣統元年(一九〇九)四月初三日，經學部妥議後，准照京師大學堂總監督所請。陶樂甄、王燕晉二名改列優等，張鴻翼、毛儁二名改列最優等，方彥忱、王祖訓二名改列最優等，陳季玉一名改列優等。(註四九)京師大學堂學生畢業考試，既須奏請簡放主考，會同學務大臣分場舉行考試，並非專憑大學堂所評定的分數爲準，取捨之權仍在主考官，此卽科舉掄才的精神。

第五節　出身獎勵

學校爲培育人才的地方，科舉則爲掄拔人才的途徑。清季創立的新式大學堂，實兼具科舉的長處。張之洞等於「奏定學堂章程學務綱要」內云：

「凡詬病學堂者，蓋誤以爲學堂講西學，不講中學故也。現定各學堂課程，於中國向有之經學、史學、理學、及詞章之學，並不偏廢。且講讀研究之法，皆有定程，較向業科舉者尤加詳備。查向來應舉諸生，平日師無定程，不免泛騖，人事紛雜，亦多作輟，風檐試卷，取辦臨時。卽以中學論，亦遠不如學堂之有序，而又有恒。是科舉所尚之舊學，皆學堂諸生之所優爲，學堂所增新學，皆科舉諸生之所未備，則學堂所出之人才，必遠勝於科舉之所得無疑。」(註五〇)

京師大學堂業有定程，考有定格：其課程中西並重，新舊兼學，循序而升；其畢業考試，須奏請簡放主裁，會同學務大臣分場考試，照章獎給出身，分等錄用。因此，京師大學堂的創立，卽欲遠法三代，近采西方，合科舉於學校。易言之，就是要把「仕而優則學，學而優則仕」的觀念，在京師大學堂付諸實行。(註五一)

光緒二十二年(一八九六)五月，李端棻議設京師大學堂，爲開風氣，使人爭濯磨，士知嚮往，即主張京師大學堂畢業學生應「等其榮途，一歸科第，予以出身，一如常官。」（註五二）同年七月，孫家鼐議覆開辦京師大學堂辦法時，亦奏請推廣出身。爲鼓舞人才，而參酌中西成例，特闢三途，其要點如下：

一、立科：擬援光緒甲申（一八八四）禮部議覆潘衍桐請立算學一科摺的成例，另立時務一科，包含算學在內。鄉會試由京師大學堂咨送與考。至中式名數，定額宜寬。

二、派差：學生應試不中者，由學堂考驗，仿西例獎給金牌文憑，量其所長，咨總署派往中國使館，充當繙譯隨員，或分佈南北洋海軍、陸軍、船政製造各局幫辦一切，以資閱歷。

三、分教：京師大學堂學生，如不願應舉爲官者，考驗畢業後，仿西人例，獎給牌憑，任爲教習。各省立學之始，皆先向京師大學堂咨取充當，則師資有自，京外各學堂，亦可聯爲一氣。（註五三）

光緒二十四年（一八九八）五月，軍機大臣等籌擬京師大學堂章程時，則進一步奏請京師大學堂學生畢業，就其所學，各因所長，分等錄用，以佐新政，其原奏云：

「由大學堂卒業領有文憑者作爲進士，引見授官。既得舉人者，可以充各處學堂教習之職；既得進士者，就其專門，各因所長，授以職事，以佐新政。惟錄用之愈廣，斯成就之益多。

各省中學堂學生如有已經中式舉人者，其卒業升入大學堂之時，即可作爲進士與大學堂中已經授職之人員一體相待。大學堂卒業各生擇其尤高才者，先授之以清貴之職，仍遣游學歐美各國數年，以資閱歷而期大成。游學既歸，乃加以不次擢用，庶可以濟時艱而勸後進。」（註五四）

同年六月，爲因才任使，各就所長，俾學以致用，孫家鼐又奏請採納湖北巡撫譚繼洵的意見，將京師大學堂已經授職的學生，請旨優獎，其作爲進士者，則分等錄用，即學政治者歸吏部；學商務、礦物者歸戶部；學法律者歸刑部；學兵制者歸兵部及水陸軍營；學製造者歸工部及各製造局；學語言文字公法者歸總理衙門及使館參隨。終身遷轉，不出衙門，俾所學與所用相符，冀收實效。

光緒二十七年（一九〇一）十二月，張百熙既奉命充任管理京師大學堂事務大臣，對於大學堂學生畢業後的出身獎勵，規定得更加具體。大學預科畢業後，由管學大臣考驗合格者，擇尤帶領引見，候旨賞給舉人。以備升入正科；大學堂分科畢業生，由大學堂教習考驗後，再由管學大臣覆考如格，帶領引見，候旨賞給進士；至現辦速成科仕學館人員，三年畢業後，擇優保獎，予以應升之階，或給虛銜加級，或咨送京外各局所當差；師範館學生四年畢業由教習考驗後，管學大臣覆考如格，擇尤帶領引見。如原係生員者，准作貢生，原係貢生者，准作舉人，原係舉人者，准作進士，均候旨定奪，分別給予准爲各處學堂教習文憑。（註五五）但是，京師大學堂預備、師範二科第一、二屆畢業出身奬勵，則係遵照光緒二十九年（一九〇三）十一月所頒布的「奏定大學堂章程」辦理。其中通儒院畢業奬勵，擬予以格外優奬，立時任用，或比照翰林升階，分用較優的京外官，以便卽時任用；分科大學畢業奬勵，則依照考試定等錄用。其考列最優者作爲進士出身，用翰林院編修檢討，升入通儒院。如不願升入通儒院者應由學務大臣查核該員才具，委以京外要差；考列優等者作爲進士出身，用翰林院庶吉士，升入通儒院；考列中等者作爲進士出身，以各部主事分部儘先補用，升入通儒院；考列下等者作爲同進士出身，留堂補習一年，再行考試，其第二次仍考下等者，及不願留堂補習者，則以知縣分省補用；考列最下等者，但給考試分數單，不給奬勵，或分部任用。大學預備科畢業奬勵，其考列最優等者作爲舉人，咨送學務大臣覆試合格者，內以內閣中書儘先補用，外以知州分省儘先補用，升入大學堂分科肄業；考列優等者作爲舉人，咨送學務大臣覆試合格後，內以中書科中書儘先補用，外以知縣分省儘先補用，升入大學堂分科肄業；考列中等者作爲舉人，內以部寺司務補用，外以通判分省補用，升入大學堂分科肄業；考列下等者，留堂補習一年，再行考試，分等錄用。如第二次仍考下等，及不願留堂補習者，給以修業期滿證明，聽其自營生業。（註五六）

光緒三十年（一九〇四）十一月，京師大學堂成立優級師範科，並明定畢業奬勵辦法。考列最優等者作爲舉人，以國子監博士儘先補用，並加五品銜，令充中學堂及初級師範學堂教員；考列優等者作爲舉人，以國子監助教儘先選用，令充中學堂及初級師範學堂教員；考列中等者作爲舉人，以國子監學正儘先選用，令充中學堂教員；考列下等者留堂補習一年，再行考試，如第二次仍考列下等，及不願留堂補習者，則發給修業期滿證明。（註五七）

光緒三十三年（一九〇七），師範科學生卽將畢業，學部又將前議師範生畢業出身獎勵辦法加以修訂，重新擬定師範獎勵義務章程，內開優級師範學堂畢業學生考列最優等者作爲師範科舉人，以內閣中書儘先補用，並加五品銜；考列優等者作爲師範科舉人，以中書科中書儘先補用，令充當中學堂、初級師範學堂正教員，俟義務五年期滿，各以應升之階分別京外分部分省遇缺卽補；考列中等者作爲師範科舉人，以各部司務補用，令充中學堂、初級師範學堂正教員，俟義務五年期滿，以應升之階分別京外分部分省儘先補用。又考列最優等、優等、中等之畢業生，其原有官職不願接受畢業獎勵者，准其呈明以原官原班用。京師大學堂師範科第一次及第二次畢業學生的出身獎勵，卽根據此次修訂的獎勵辦法處理。

京師大學堂在停止實官獎勵以前，其師範、預備兩科畢業學生均遵照學部所修訂過的畢業獎勵辦法，予以出身獎勵，分等錄用。光緒三十三年（一九〇七）三月十五日，京師大學堂師範班第一次畢業生經學部具奏，分別依等獎給出身。其考列最優等十七名中：其考列最優等之癸卯科舉人廖道傳一名，係候選同知，按其志願以原官原班用；孫昌烜一名，原係庚子辛丑科舉人，故獎給以內閣中書儘先補用，並加五品銜。其餘王松壽、吳鼎新、于洪起、蕭承弼、顧宗裘、戴丹誠、關翰昭、李登選、李榮瀓、吳景濂、鄒應蕙、封汝謤、劉式訓、顧德保等十四名，均經獎給師範科舉人，以內閣中書儘先補用，並加五品銜；其關慶鱗一名，原係度支部主事，以原官原班用，獎給師範科舉人，並加五品銜。考列優等五十五名：其由雲龍、胡璧城二名原係丁酉科舉人，黃尙毅、王澤闓二名原係甲午科舉人，田士懿一名原係癸卯科舉人，均獎給以中書科中書儘先補用；其餘韓述祖、鮑誠毅、李恩藻、胡汝麟、謝運騏、梁兆璜、程祖彝、潘敬、段廷珪、杜福堃、王榮官、吳燮梅、祈傑、葉開寅、陳伯騶、楊錕鋙、王廷珪、孫鼎烜、曹晁、胡祥麟、劉盥訓、余敏時、盧崇恩、瞿士勛、向同鋆、念梅蔭、丁嘉乃、柯璜、何焱森、時經訓、姚雲、高續頤、盧榮光、倫鑑、陳繼鵬、李慶銘、賀同慶、陳嗣光、阮志道、黃甫衣、增普、董鳳華、王世儁、貴恒、顧德馨、張灝、朱兆莘等四十七名，均經獎給師範科舉人，以中書科中書儘先補用；姚梓芳一名原係法部主事，以原官原班用，獎給師範科舉人；張達璟一名原係候選知縣，鄒大鏞一名原係陸軍部主事，均以原官原班用，獎給師範科舉人。考列中等十八名；其曾載幬、張熙敬、朱廷佐、丁竹霖、張東烈、廣源、張伯欽、張鉦源、卓爗、周爾璧、孫鴻烜、松照、朱應奎、呂志貞、伍作楫、顧大徵等十六名，均經獎給師範科舉人，以各部司務補用；其陳鑅一

名，原係直隸補用同知，劉湛霖一名，原係度支部主事，均以原官原班用，獎給師範科舉人。（註五八）

京師大學堂師範科第二次畢業生於光緒三十三年（一九〇七）四月三十日經學部奏請獎勵，並於宣統元年（一九〇九）八月初八日奉旨允准獎勵在案。計考列最優等二十一名：其張士麟、毛鷟二名，原係舉人，獎給以內閣中書儘先補用，並加五品銜；其餘許維翰、海清、史鼐、周瑞琦、唐仰櫰、張秀升、田尙志、陳興廉、俞鍾珽、宋鳳純、吳彤錫、吳沂、王鳳昌、高培元、劉宗尙、石山倜、史樹璋、楊協元、張鴻翼等十九名，均經獎給師範科舉人，以內閣中書儘先補用，並加五品銜。優等七十七名：其趙晉汾、辛際周、沈宗元、李九華、錢瑗、張鑑炯、王念劬、周蔚生八名，原係舉人，均獎給以中書科中書儘先補用；其餘裴學曾、張景江、張厚璋、高元溥、余兆棪、魏紹周、蔡錫保、齊文書、吳簡、李曰垓、毛齊煥、王希曾、符定一、王恩第、劉福祥、桂汝劼、陸海望、金光斗、蕭秉廉、王多輔、蔣學清、繆承金、陳與椿、梅鎭涵、祝廷棻、吳奎璧、程兆元、劉彬、邢騏、馬其則、黃文濬、孫夔、金聲、楊士京、李連炳、李棠、譚崇光、方敦素、洪白庚、段吉常、施文垚、章擷華、方元庚、錢雲鵬、王光烈、陳昭卓、曾楚珩、周淸、鄭萬瞻、張治、高茂榜、胡光璧、隆彬、張國琛、何廣榮、馬汝郲、周明珂、周錫齡、時經詮、葉浩章、朱崚嶒、邱志岳、錢詩楨、陶樂甄、王燕晉等六十五名，均經獎給師範科舉人，以中書科中書儘先補用；其方觀洛、段世徵二名，原係法部候補主事，均以原官原班用，加給師範科舉人；其維埅、宗室鈺啓二名，均經獎給師範科舉人，以七品小京官補用。獲中等獎勵者一百零一名：其王葆初、馬效淵、陳錫琨三名、原係舉人，均獎給以各部司務補用；其餘葆謙、鍾頌良、馮學壹、李興勇、陸鎏、文啓蠡、宗室鍾啓、張國棣、丁其彥、吳天澈、孫光宇、易國馨、宗俊琦、周楊埈、柯興耀、何師富、張啓聰、湯葆元、郁振域、淵從極、唐春鎏、管望清、鄒學伊、王汝炤、馮啓豫、畢培仁、佘欽籛、郭丹成、常堉蕙、伍思樂、何良、鄧宗、張炯、徐國楨、謝廷昌、高鼎文、靳瀛旭、李華、崔學材、夏建寅、李堯勳、劉善寀、李彩章、朱崇理、秦銘光、李文鼎、陳去非、苗永年、楊風穆、劉應嵩、成林、夏緯璟、王道濟、劉瀚文、王黻燦、張鴻楷、鴻鑫、蕭秉元、定林、李鴻鐸、俞煚、吳克昌、譚家臨、譚凌雲、向玉楷、桂芳、黃枝欣、彭覲圭、鄭滋蕃、陳文炳、張樹基、袁世霖、德斌、張星耀、査振聲、張壬林、倫綽、劉勳、德成、楊湛霖、李鐘英、李應謙、黃必芳、汪必霄、侯寅亮、錫康、杜師牧、張國威、關黻鈞、姚守文、加克恭、趙黻華、楊昌銘等九十六名、均經獎給師範科舉人，以各部司務補用；其孫鼎元一名，原係農工商部七品小京官，劉傳純一名，原係拔貢內閣中書，均以原官原班用，加給師範科舉人。（註五九）

京師大學堂預備科畢業生經學部奏請獎勵，於宣統元年（一九〇九）六月十八日奉旨依議。

計考列最優等八名：其方彥忱一名，原係舉人，獎給以內閣中書儘先補用；其周昌壽、廖福同、王烈、陳其瑗、屠敏恒、焦發第、王祖訓等七名，均經獎給舉人，以內閣中書儘先補用。考列優等二十二名：其葉秉良、張樞、區宗洛、胡宗楷、諶祖恩、秦炳漢、陳頌芳、孫信、毛恩旭、孫時勳、溫鴻達、顧寶挺、陳季玉等十四名，均經獎給舉人，以中書科中書儘先補用；其陳培源一名，原係舉人，獎給以知縣分省儘先補用；其李文驥、林建倫、區國著、董嘉會、鄭君䁥、陳廷瑩、林斯高等七名，均經獎給舉人，以知縣分省儘先補用。考列中等九十五名：其梁鴻志一名，原係舉人，廣西委用知縣，銃滄一名，原係舉人，福建候補知縣，均援師範科畢業生成例獎給以原官原班用；其李景堃一名，原係副貢，浙江補用知縣，獎給舉人，以原官分發原省補用；其秉志、林典、張鑑哲、袁烱等五名，原係舉人，均經獎給以各部司務補用；其吳友邃、李經腴、李逢宸、李協、雷豫、秦汝欽、陳淑玉、朱聯沅、蔣夢桃、沈覲晃、陳器、錢家瀚、梁光照、張其眞、吳肇麟、羅忠懋、蔡洵、孫祖昌、趙策安、陳祥翰、司徒衍、梁程、段硯田、何其樞、喻實幹、莊澤成、馮有林、婁敬、路晉繼、徐惕祥、姚國楨、馮士光、王超、王斌、周翰、司徒頴、鄭丹雯、彭紹祖、劉國鈞、李崇業、鍾啓賢、李博、洗繼樸、黎惠中、胡宗模、喻品衡、吳定邦、劉銃瑤、劉星楠、汪椝、鄔友能、彭繩祖、常國倫等五十三名，均經獎給舉人，以各部司務補用；其湯龍鄔、曹元江、陳兆錕三名，原係舉人，均經獎給以通判分省補用；其區宗濂、韓進之、曹數宗、伍大光、麥棠、李景言、陳爲銚、劉鎭中、張宗元、馮寶璀、陳昭令、關定波、高珵、周運鈞、崔慶鈞、范明顯、徐咸泰、高普燡、顧立仁、謝鏡第、吳詠麟、張積誠、李鈞寰、何璿先、姚人鑑、李鍾珩、孫炳元、陳紹虞、劉祖蔭、陸是元、陳麟書等三十一名，均經獎給舉人，以通判分省補用。(註六〇)

京師大學堂師範及預備兩科畢業生，均按其畢業成績，分列等第，照章請獎，授以實官，舉凡科舉掄才的方法，均已包含在學堂獎勵之中。故京師大學堂的創立，其最初動機，並非在廢罷科舉，實乃欲將科舉與學堂合併爲一而已。

茲據教育部檔案室現存「京師大學堂前五年畢業生冊表」；房兆楹輯「清末民初洋學學生題名錄初輯」；「京師大學堂同學錄」；「學部官報」第九十六期，學部章奏：「奏京師大學堂預備師範兩科學生畢業照章請獎摺」等資料分列簡表於附錄，惟以奉旨獎勵出身畢業生爲限。

(註一)「時務報」，第二十冊，官書局「議覆開辦京師大學堂辦法摺」，頁六。

(註二)「皇朝道咸同光奏議」，卷七，變法類，學堂條，「遵籌開辦京師大學堂疏附章程清單」，頁七。

(註三)「大清德宗景皇帝實錄」，卷四九一，頁一，光緒二十七年十二月癸巳上諭。

(註四)「中國近代教育史資料」中冊，「欽定京師大學堂章程」，頁五四九。

(註五)「奏定學堂章程」，張百熙、榮慶、張之洞「遵旨重訂學堂章程妥籌辦法摺」，頁二；「光緒朝東華錄」(九)，頁五一〇八，光緒二十九年十一月丙午上諭。

（註六）「大清德宗景皇帝實錄」，卷五五七，頁一。光緒三十二年，三月戊辰上諭。

（註七）「光緒朝東華錄」(九)，頁五四七四—五四七六。光緒三十二年三月戊辰上諭。

（註八）「大清德宗景皇帝實錄」，卷五六八，頁一。光緒三十二年十二月癸亥上諭。

（註九）「皇朝道咸同光奏議」，卷七，變法類，學堂條，軍機大臣、總理衙門「遵籌開辦京師大學堂章程疏附章程清單」，頁八。

（註一〇）「京師大學堂倫理學、經學講義初編」，張鶴齡編「倫理學講義」，頁一。

（註一一）同前書，頁二。

（註一二）王舟瑤撰「京師大學堂經學科講義」，頁一。

（註一三）「京師大學堂中國史、萬國史講義初編」，屠寄撰「京師大學堂史學科講義」，目次，頁一。

（註一四）「京師大學堂中國史、萬國史講義貳編」，陳黻宸撰「京師大學堂中國史講義」，目次，頁一。

（註一五）王舟瑤撰「京師大學堂中國通史講義貳編」，目次，頁一。

（註一六）「京師大學堂中國史、萬國史講義貳編」，服部宇之吉撰「京師大學堂萬國史講義」，頁一。

（註一七）鄒代鈞撰「京師大學堂中國地理講義初編」，頁一—六。

（註一八）「京師大學堂中國地理、經濟學講義貳編」，鄒代鈞撰「京師大學堂中國地理志講義」，頁一。

（註一九）「國民日日報彙編」第三集，光緒三十年八月廿日，北京大學堂學生公上管學大臣請辭退輿地歷史教習楊模書。

（註二〇）「京師大學堂中國地理、經濟學講義初編」，於榮三郎編「京師大學堂經濟學講義」，頁一。

（註二一）「京師大學堂中國地理、經濟學講義貳編」，於榮三郎撰「京師大學堂經濟學各論」，頁一。

（註二二）「京師大學堂心理學講義初編」，頁一；京師大學堂心理學、掌故學貳編，服部宇之吉撰「京師大學堂心理學講義」，頁一。

（註二三）「京師大學堂心理學、掌故學貳編」，楊道霖撰「京師大學堂掌故學講義」，頁一—二。

（註二四）「皇朝道咸同光奏議」，卷七，變法類，學堂條，光緒二十四年五月丁卯，軍機大臣、總理衙門王大臣「遵籌開辦京師大學堂疏附章程清單」，頁八。

（註二五）「蘇報」，光緒二十九年閏五月初五日，新聞界北事彙誌，頁三。

（註二六）同前書，光緒二十九年二月初十日，時事要聞，彙錄天津大公報要事，頁五四。

（註二七）「中華民國大學誌」第一冊，羅家倫撰「國立北京大學」（其一），頁五二。

（註二八）「萬國公報」第一二〇卷，光緒二十四年十二月份，「京師大學堂條規」，頁二二—二三。

（註二九）「清朝續文獻通考」，卷一〇六，喻長霖撰「京師大學堂沿革略」，頁八六四九。

（註三〇）孫常煒編「蔡元培先生論文集」，第二輯論文與雜著之部，「我在北京大學的經歷」，頁六三〇。

（註三一）「國民日日報彙編」第三集，光緒三十年八月二十日，頁一：「京師大學堂學生公上管學大臣請辭退輿地歷史教習楊模書」。

（註三二）「時務報」第四冊，「官書局奏開辦章程摺」，頁九。

（註三三）「光緒朝東華錄」㈦，頁三七七三，光緒二十二年五月丙申上諭。

（註三四）「時務報」第二十冊，官書局「議覆開辦京師大學堂摺」，頁六。

（註三五）「戊戌政變記」卷一，第一篇，第二章「新政詔書恭跋」，頁二二。

（註三六）「皇朝道咸同光奏議」卷七，軍機大臣、總理衙門「遵籌開辦京師大學堂疏附章程清單」，頁一〇。

（註三七）「光緒朝東華錄」㈦，光緒二十四年六月甲辰上諭，頁四一三七。

（註三八）「中國近代教育史資料」中冊，「欽定京師大學堂章程」，頁五六〇—五六一；「光緒朝東華錄」㈨，光緒二十八年正月丁卯，張百熙奏「設立京師大學堂辦法摺」，頁四八〇一。

（註三九）「中國近代教育史資料」中冊，「奏定大學堂章程」，頁六二四。

（註四〇）「奏定學堂章程」，「高等學堂章程」，頁一四。

（註四一）「學部官報」第五十三期，學部章奏：「奏准各項學堂限制招考章程摺」，頁二八九—二九二。

（註四二）「教育雜誌」第一年第二期，宣統元年二月二十五日，記事，本國之部，頁七—八。

（註四三）「學部官報」第九十二期，學部章奏，「奏擬選科舉人及優拔貢入經科大學肄業片」，頁二。

（註四四）「奏定學堂章程」，「各學堂考試章程」，頁一—四。

（註四五）「學部官報」第十三期，學部章奏：「修改各學堂考試章程摺」，頁一〇三。

（註四六）「學部官報」第十八期，文牘：「咨大學堂查照師範畢業考試分數冊暨等第分數表列榜曉示文」，頁一〇〇。

（註四七）教育部平檔，「國立京師大學堂」，平類，國目第叁拾玖子目第壹宗。民國前五年畢業生冊表。

（註四八）同前檔，「京師大學堂師範科畢業生等第分數清單」；「政治官報」宣統元年六月份，六月廿八日，第六四四號。

（註四九）教育部平檔，「國立京師大學堂」，平類，叁拾玖目，第壹宗。宣統元年四月初三日，大學堂文。

（註五〇）「奏定學堂章程」，「學務綱要」頁二五。

（註五一）「中華民國大學誌」第一冊，羅家倫撰「國立北京大學」頁五二。

（註五二）「光緒朝東華錄」㈦，光緒二十二年五月丙申上諭，頁三七七三。

（註五三）「時務報」第二十冊，官書局「議覆開辦京師大學堂摺」頁六。

（註五四）「皇朝道咸同光奏議」卷七，軍機大臣暨總理衙門「籌議京師大學堂章程清單」，頁一一。

（註五五）「中國近代教育史資料」中冊，「欽定京師大學堂章程」，頁五六二。

（註五六）「奏定學堂章程」，「通儒院畢業獎勵」頁二；「大學堂分科大學畢業獎勵」頁三；「大學堂預備科畢業獎勵」頁六。

（註五七）同前書，「優級師範學堂畢業獎勵」，頁一一。

（註五八）教育部平檔，國立京師大學堂，平類，國目叁拾玖，子目第壹宗，民國前五年畢業生冊表，「京師大學堂師範班第一次畢業生名單」。

（註五九）同前檔，「京師大學堂師範科第二次畢業生名單」。前四年畢業生冊表。

（註六〇）「政治官報」，宣統元年六月份，六月二十八日，第六四四號，摺奏類，學部「奏京師大學堂預備師範兩科學生畢業請獎摺併單」，頁四—一三。

第四章　訓導與管理

第一節　生活規範

京師大學堂為端正學生的趨嚮，造就明體達用的通才，於智育、體育之外，尤其注重品德教育。光緒二十四年（一八九八）十月，京師大學堂着手訂定學堂規章，對於學生的崇敬至聖先師，品格考察，出入學堂，作息時間，齋舍管理等均有明確規定，其要點如下：

一、崇敬先師。於學堂正廳安奉至聖先師孔子牌位，春秋丁祭，管學大臣、漢總教習、提調、分教習、仕學院諸員，率各堂學生致祭，行三跪九叩禮。每月朔望，提調、分教習，率各堂學生行三跪九叩禮。開學之始，自管學大臣至學生皆須於先師牌位前行三跪九叩禮。

二、學堂大門定時起閉，其鑰匙交由住堂提調收存，開閉時親往驗視，已閉之後，不得隨意出入，苦有公文要事，須先回明提調，酌予放行。

三、中文分教習功課，定夏季辰初上堂，午初散堂；冬季辰正上堂，午正散堂，不得遲誤。

四、每日用饍時刻，夏季午正早飯，酉正晚飯；冬季午初早飯，酉初晚飯。

五、上堂旣定有時刻，屆時擊梆一次，齊集，功課已畢，擊梆散堂，不得故意遲延。
六、學生齋舍，約分十人爲一齋，每齋由本齋學生公舉齋長一人。如學生有觸犯學規各事，由齋長據實擧發，其有包庇與誣告者，一經查出，反罰齋長。
七、小學堂學生專歸分教習約束，每位分教習各約束十人。
八、學生到堂三月以後，由提調、教習各具册一本，考察其勤惰優劣，其有不率教者開除，詳爲登記，切實考核，不得瞻徇情面。(註一)
京師大學堂正式開辦後，關繫大局旣重且鉅，爲力除積習，養成良好習慣，管學大臣孫家鼐又手定京師大學堂禁約二十六欵。擧凡學生的請假手續、服裝儀容、言行態度、作息時間、衞生習慣等均明白揭示，其要點如下：
一、酌給餘假，每月三半日。例假之外，如學生家有要事，得准餘假三半日，所缺功課，銷假後補足。
二、學生例假外，因事請假，不得專以該生口說爲憑，須由家長聲明請假原因。如家長不在京師，則由該生自行聲明，並由同齋諸生作保，方准給假。
三、學生出入學堂須經稽查，由雜務處派一供事經管，立一簿册，出入皆登記時刻。
四、學生不准沾染習氣，或吸食呂宋烟、紙捲烟等、外面衣服，不得用異色鑲滾，違者記過。

五、學生非尋常日用之物，不得携入學堂。

六、學生起息皆有定時。凡早起夏卯初，冬日出；晏息夏戌初，冬亥正。息後由齋長傳知一概熄燈。

七、學生必須盥洗潔淨，衣服整齊，若使隨意污穢，實爲不敬，犯者記過，屢犯者斥退。

八、戒言語淆亂。凡同堂言語，必俟一人說話既畢，答者已盡，然後他人可接次問答。若兩人一齊說，必至聲音嘈雜，淆亂不清。至師長前執經問難，尤當有條理，不可搶前亂說，致涉躁妄之愆。聲音高下，亦當有節制。此事有關學養，最宜切戒，違者記過。

九、戒咳唾便溺不擇地而施。屋宇地面，皆宜潔淨，痰唾任意，最足生厭。廳堂齋舍，多備痰盒。便溺污穢，尤非所宜，是宜切記，違者記過。

十、行走坐立，以長幼爲序，不得搶先，違者記過。

十一、學生衣服行李等件，自行整理，不准携帶跟人，以習勤勞。其齋中雜役，有不服使喚，不安本分者，由齋長回明雜務處申斥，重者革退。

十二、每飯後散步一刻，同學者質疑辨難，可在此時，但不准放言高論，致涉浮囂，過此各理功課，不准彼此往來，曠誤廢學。若有三五成羣，彈唱放縱者記大過。

十三、學生不准吸食洋烟，酗酒賭博，爭詈毆鬭，違者斥退。
十四、不准談說邪淫，簸弄是非，違者戒斥，屢犯者斥退。
十五、嚴戒侮慢師長，不受約束者斥退。
十六、每日上堂，逾刻者記過，屢犯者斥退。
十七、戒有意毀汚書籍、器物，違者記過，屢犯者斥退。
十八、戒不告假私出，違者斥退。
十九、留外人齋中宿食者記大過。
二十、例假外逾十日以上者記大過，無故曠課三日以上，例假外逾二日以上者皆記過。
廿一、凡記過二次併爲大過一次，連記大過三次者摒退，大過一次者停獎一次。
廿二、學生犯規記過，本生父兄不得到堂辯論。
廿三、學生上堂時齊向教習一揖，然後就坐，退亦如之。
廿四、學生立有檔簿，每日至教習處畫到。
廿五、學生座位及住房，皆貼名條，不得亂坐亂住，年十六歲以下者概不住堂。
廿六、中學西學，每日各以二時上堂學習，其歸齋自課，則中學西學，各聽自擇。(註一)

京師大學堂既爲京外各學堂的楷模，則京師大學堂的學生，亦應爲各學堂學生的表率。管學大臣孫家鼐等訂定各項堂規，加强生活管理，注重常規訓練，其目的卽在培養京師大學堂學生使其成爲獨立自主、品格完整的現代化國民。光緒二十八年（一九〇二），欽定京師大學堂章程，爲激發忠愛，開通智惠，端正趨嚮，造就通才，管學大臣訂定堂規數欵，以中國聖經垂訓，修身倫理爲培植人才的始基。嚴禁明倡異說，或干犯國憲，違者輕則斥退，重則究辦，其要點如下：

一、教習學生一律遵奉「聖諭廣訓」。照學政歲科試下學講書宣讀御制訓飭士子文例，每月朔日，由總教習、副總教習傳集學生，在禮堂敬謹宣讀「聖諭廣訓」一條。

二、凡開學、散學及每月朔日，由總教習、副總教習、總辦各員，率學生詣至聖先師位前行禮，禮畢，學生向總教習、副總教習、總辦各員各三揖退班。

三、每歲恭逢皇太后、皇上萬壽聖節、皇后千秋節、至聖先師誕日、仲春仲秋上丁釋奠日，皆由總教習、副總教習、總辦各員率學生至禮堂行禮如儀。

四、學生平日見管學大臣、總教習、副總教習、分教習等皆執弟子禮，遇其他官員及上等執事人一揖致敬。

五、學生功課勤惰，應由分教習隨時登記，此外一切性情行事，有無過失，亦由分教習按日記載，一并呈總教習查核。

六、學生在堂，寢興食息，皆有定時，出入大門，皆由總辦、堂提調等員考查，立簿記之。

七、學生無故不得請假，如遇家人賓客通問，於外室會談不得入內，亦不得過久。

八、學生舉止行爲有無過失，除由教習按日登記外，儻有干犯一切定章，其所應管束之員，皆得隨時禁止。(註三)

光緒二十九年(一九〇三)，「奏定學堂章程」頒布後，於「學堂管理通則」內，詳列齋舍、講堂、操場、禮儀、放假、賞罰、接待賓客等規條數欵，並揭示學堂禁令。嚴禁學生干預國家政治，學堂事務；不准離經畔道，妄發狂言；不得私充報館主筆及記者；不准聚衆要求，妄上條陳，藉端挾制，停課罷學等事，犯者除立行斥退外，仍分別輕重，酌加懲罰。(註四)

光緒三十三年(一九〇七)四月，湖廣總督張之洞鑒於學堂風氣日趨囂張，不守禮法，即冠服一項，率皆「短衣皮鞾，仿效西式」，(註五)乃奏請明定冠服程式，以遏亂萌。同年八月，學部會同禮部，將所擬學堂冠服章程，妥議具奏。其中規定大學堂冠服分爲禮服、講堂服及操場、整列出行操演服三種。在禮服方面是：冬呢檐紅緯暖大帽，夏紗胎緯涼大帽；天青羽毛長外褂，春秋冬用淺藍色布長衫，夏用淺藍色夏布長衫；束腰用藍色棉線織成板帶；青羽綾鞾。凡國家慶賀典禮、上學、聖誕、恭謁至聖先師春秋釋奠、朔日行香、管學大員初次臨堂開學散學日、發給畢業憑照日等均須穿着禮服。其講堂服，則是：有頂草帽；春秋冬用淺藍色布長衫，夏用淺藍色夏布長衫；束腰用棉線板帶；青布鞋。其操場及整列出行操演服，則戴有頂草帽、着操衣、操褲、

穿青布鞋。平常外出，穿着固可隨意，但必須穿長衫，不准着短衣。(註六)

京師大學堂爲培養學生高尙的品格，在訓育方面首重德育，故其課程亦列倫理學爲首。所採用的教科書，其主旨亦在發明經傳，以益身心。故光緒三十二年十一月諭云：

「學堂培養通才，必當首重德育。著學部堂官，慎選教科書善本，擇發明經傳有益身心之旨彙爲一編，以資教授。倫常之道，禮義之防，尤於風俗人心，大有關繫。學生品誼言行，務當隨時考察，分別獎懲」。(註七)

清季變法自强的基礎既在培養民力，啓發民智，陶冶民德，則提倡體育，又是培養民力的途徑。京師大學堂的重視體操教學，其宗旨卽在强種强國。查光緒二十八年（一九〇二）欽定京師大學堂章程內預備科政、藝二科課程中，其體操一門，列爲三年必修課程，且其每週教學時數爲二小時以上，其重要性質不下於倫理或經學。而師範館課程則將體操一門，列爲四年必修課程，且各年級每週體操教學時數均定爲三小時。(註八)同時京師大學堂亦將體操一門列爲畢業考試科目之一。而師範科四類學生均以體操爲共同畢業考試科目，尤以第二、三類學生須經三小時的體操考試，始能完場。其餘第一、四類學生，其體操一門的畢業考試，亦須二小時。(註九)

光緒三十一年（一九〇五）四月廿四、廿五日兩天，京師大學堂舉行首屆運動會，儀式隆重。清季大學堂之有運動會，實自此始。(註一〇)大會節目共分二十二項，卽：犬牙門競走；頂囊競走；越脊競走；二人三脚競走；一脚競走；掩目拾球競走；一百米突競走；二百米突競走；三百米突競走；四百米突競走；六百米突競走；八百米突競走；各科選手競走；跳遠；跳高；擲鎚；擲球；拉繩；算學競走；越欄競走；障碍物競走；鹿角競走等。（註一一）節目固多，觀衆尤夥。京中各學堂均蒞臨會場，各國貴賓使節，亦相偕參觀。由此亦可知當日體育風氣之盛。會後上演電影助餘興，當晚又於六國飯店宴謝外賓，並舉行舞會。（註一二）

第二節　愛國表現

京師大學堂學生的疏爭俄約，是近代中國大學生因見國家對外交涉失敗而向政府進言的開端。

光緒二十二年（一八九六）四月二十二日，中俄密約簽訂後，東三省遂淪爲俄人的勢力範圍。庚子拳禍，波及關外，破壞鐵路，刼掠倉儲。光緒二十六年（一九〇〇）六月，俄人見有機可乘，一面會同各國聯軍進兵北京，一面分兵五路，佔踞東三省。辛丑和約定議時，俄人堅持將東三省問題抽出另議，藉口保護鐵路，不肯撤兵，甚至派遣阿力喀塞夫爲極東大總督，東三省遂在其管轄之內，不久又佔領奉天城衙署。（註一三）光緒二十七年（一九〇一）九月，奉天將軍增祺被迫訂立「東三省交還條約暫且章程九條」，中國軍政權利，遂喪失殆盡，東三省已名存實亡。

同年十二月，俄國提出「交收東三省擔保約稿十二欵」，俄國不僅席捲東北、蒙古及新疆，且將北京及華北列入其勢力控制之下。清廷固拒絕接受，英日兩國反將尤烈。俄國勢孤，爲緩和國際局勢，因於光緒二十八年(一九〇二)三月，簽訂「中俄交收東三省條約」，議定自簽字畫押後，俄軍限十八個月內分三期撤離東三省。但俄國並未履行義務。其第一期撤兵，已未能如約盡撤，牛莊之地，迄未交還，且於停車場附近，擅築營房，以爲持久之計。且其所謂撤兵，不過移甲地於乙地，移城內之兵於俄兵營內。俄軍第一期所撤還士兵，皆分駐於十里河、迎水、甜水、連山、通遠舖及鳳凰城等處，而以九連城爲集結地點。(註一四)時東三省俄國兵數，據美國公使館調查，俄兵駐在盛京省者，計：奉天五百餘名，鐵嶺六千名，遼陽一千名，鳳凰城七千餘名，九連城一萬名，營口及蓋平各約二百名；在吉林省者，計：吉林城一萬二千名，長春廳六千餘名，寧古塔二萬三千名，哈爾濱三萬五千餘名，其他各地約一萬餘名，通計兩省俄兵總數實不下於十一萬六千名。又新僱馬賊，亦不下四萬名，四出騷擾，異常猖獗。(註一五)光緒二十九年(一九〇三)三月，俄軍第二期撤兵屆滿，俄軍違約不撤，竟於三月二十一日，向清廷提出七欵無理要求，態度强硬，視東北爲俄國殖民地，消息傳出，中外譁然。英國調兵船，迫清廷不得允許俄人要求，日本繼之。一時威海衞佈滿兵船，幾與俄國開釁。

京師大學堂日本教習，因俄踞東三省，局勢緊張，乃紛紛請假返國。東文兼法律教習巖谷孫藏，譏評中國，謂「存亡在此一舉，外而觀士夫，歌舞昇平，安然無恙；內而觀學堂學生，出入講堂，絕無憂色。」（註一六）仕學、師範兩館學生聞之，義憤塡膺，乃商請副總敎習，蒙准鳴金上堂會議，到會者二百餘人。先由助敎范靜生演說利害，學生依次登台演說者又數十人，議論激昂，並草擬辦法四欵，以求挽救，其要點如下：

一、各省在京官紳電告該省督撫電奏力爭。

二、全班學生電致各省督撫，請各督撫電奏力爭。

三、全班學生電致各省學堂，由各省學堂稟請該省督撫電奏力爭。

四、大學堂全班學生稟請管學大臣代奏力爭。（註一七）會議既畢，全堂議決，繕具上管學大臣請代奏拒俄書，書中分析國家的前途，並提出挽救之方。書云：

「師範仕學館學生恭上書於管學大人鈞右：天下事有不欲言而不得不言者。言之，則不免有越職之嫌，不言，則坐視瓜分之慘而不忍，如今日之東省問題是也。夫虎狼之俄，扼於黑海之約，不能西出，轉而之東，竭全國之死力，疾速經營西伯利亞鐵路，及其告成，卽高掌遠蹠，實行大彼得併呑世界之遺策。此各國人人所習聞而稔知者也。俄之外交手段，率以甘言重幣餌於先，恫喝虛聲懾於後，陰賊險狠以滅人國。其與我國之交涉也，又無一事不予我以難堪，無一時不置我於死地。強據我東三省，雖迫於各國共同之和約，而至今延不交還。近且迫我以恭贈主權之七約，此又我國人所憂憤而切齒者也。英日以切己之利害，倡共保太平主義，於是乎前年有聯盟之舉，當時我國之聞知者，率私心竊幸，謂可以庇人之宇下而長存，而學生等固早愧憤畏懼，以爲斷無有受人之保護而能立國者也。俄既彰明較著割據我東三省，英日必出而干預，而日尤爲絲毫不相假借，於是乎邇來有日俄開釁之說。竊料我國之聞知者必謂日俄之戰與我國無涉，我國且幸强鄰多事，不暇謀我。而學生等固切切悲痛，以爲大禍卽在眉睫，存亡之機卽決於此也。四月初四日，果有日使照會外部。俄據東三省，中國果否承認，若果承認，卽與中國爲敵云云。確聞伊國卽遣軍艦二十七艘，向高麗及我國海面進發，乘機戰取。我國此時拒日乎？拒俄乎？抑兩國皆徐與磋磨而卽可了事乎？竊以爲若聯俄以拒日，聯盟之英日必皆以我爲公敵，又相率問我破壞平和之背約。交戰卽不勝，必各盡其勢力範圍，以分敵人之產業，無論東三省，既歸俄，內外蒙古亦不保，吾知沿江諸省必歸英，福建、浙江必歸日，法、德亦必償其覬覦兩廣、雲貴、山東、河南之志，美、意、奧諸國亦必乘機擇一適宜之地爲均霑之利益，二萬里幅員，四萬萬民庶皆將奴隸牛馬受壓制於他國之下，而波蘭印度之矣。且自亡其國而又牽掣全球平和之局，則亡亦不義，而又處於必亡之勢者也。若聯英以拒俄，無論俄憚於英日之勢强，不戰而自退還我東三省之故，縱俄一旦與我決裂，英日必以水陸各軍麕集於東三省、海參崴，左右猛力撲擊，俄國雖有西伯利亞鐵路運兵之迅速，亦日不暇給。我國卽調袁軍、馬軍各勁旅，防守邊境。戰爭之結果，雖至微利益，亦必得收回東三省之主權，保二十年之和平。且脫蘭斯瓦耳之與英，斐利賓之與美，皆以蕞爾無援與地球最富强之大國，血戰至二三年之久而不屈。豈吾國得英日之奧援，猶畏怯寒栗而不若脫蘭斯瓦耳、斐利賓耶？卽以我國戰守之大勢而論，拒俄不過北邊一面之防，而又得英日之助。拒英、日則沿海萬里皆敵人攻入之地，而防不勝防。俄方盤踞東三省之不暇，則英日必乘勢蹂躪東南諸省，頃刻無一完土，此又想勢之顯然可決者也。夫聯俄以拒日，則危亡如彼，聯英日以拒俄，則情勢如此，存亡之機，間不容髮。積火將燃，共爲刼灰；大厦將傾，同受覆壓。學生等之一身一家，亦莫不在其中，故敢垂涕而道，卽所奏請我皇上，迅速乾斷聯英日以拒俄，措天下於安也。夫以大人之深謀宏識，固有百計圖度而不待學生等之喋喋瀆陳者，然國家之設學也，專以養成忠君愛國之思想爲目的。今當危急存亡之秋，間不容髮。譬如一家火起，父兄長老皆焦思疲力以求一熄，而壯者乃袖手旁觀，而以爲不與己事，豈復有人心耶？此學生等所以不欲言而不得不言者。言之，而不免有越職之嫌，不言而坐視瓜分之慘而不忍也。謹恭稟以聞，不勝惶恐待命之至。」（註一八）

京師大學堂學生公上管學大臣拒俄書，其文字優雅動聽，立論亦富有見地，滿腔忠憤，悉表現於其字裏行間，令人不忍卒讀。管學大臣張百熙亦深然其說，並批示云：

「蒿目時局，憂慮萬端。披閱來書，輒為三歎。該生等忠憤迫切，自與虛憍囂張，妄思干預者有別。至於指陳利害，洞若觀火，具徵覘國之識，迥非無病之呻。本大臣視諸生如子弟，方愛惜之不暇，何忍阻遏生氣，責為罪言。惟大局之利害，固所必爭，而當局之情形，亦宜備悉。本大臣初聞茲事，即思抗疏陳奏。嗣知外務部王大臣於一切思應之方，均有定見，辦法既無偏誤，議論亦大略相同……嗣後諸生研究國聞，雖有見地，隨事隨時著為論說，呈候本大臣批答，藉可考見學識，示以準繩，不必聚論紛紜授人指摘云。」(註一九)

不意副總教習張鶴齡竟以「談議國政，非學生分內事」，而阻止兩館學生會議，並謁請管學大臣請不可代奏。四月初六日，東京留學界成立拒俄義勇隊，旋改名為學生軍。同時得京師大學堂學生來電，其電文云：「俄約危急，宜設法阻。」東京中國留學生即覆電稱「留學生已編義勇隊，電北洋備赴敵。」(註二〇) 四月十六日，湖北各學堂接獲京師大學堂學生公致鄂垣各學堂書，對此次仕學、師範館學生疏爭俄約的始末，中國所受列強瓜分之虞，以及聯俄與聯英日的利弊，均言之頗詳，其指陳利害，尤富見地。書末云：

「總之，東三省係我等四萬萬人之東三省，非政府私有之東三省。割之而能弭中國患猶可，割之而揚子江一帶保能不與英乎？山東保能不與德乎？福建、雲南保能不與法、與日本乎？然此猶割東三省以後之情也。至未割之前，俄以索東三省為目的，英日以不允俄得東三省為目的，勢必兩虎相鬪，爪牙相持。試問中國聯俄乎？亦聯英、日乎？聯俄則東三省失，而又不僅東三省失，聯英、日則兩國所需之兵費，勢必出自我，庚子之亂，數年割膏吸髓，尚不能敷，又添英、日之兵費，中國尚能存乎？總之，聯俄則中國為有形之亡，聯英、日則中國為無形之亡。……」（註二一）

京師大學堂仕學、師範館學生電請湖北省垣學堂學生採取行動，聯名稟請督撫力阻清廷割東三省予俄，而發大志願，結大團體，為四萬萬人請命。四月二十日，安徽大學堂亦接獲京師大學堂來函。翌日，安徽省垣開演說會於藏書樓，登臺演說者二十餘人，環聽者二百餘人。安徽大學堂、武備、桐城、懷寧各學堂學生均在座。安徽大學堂學生持京師大學堂學生來函，往謁總教習，具述其欲聯合武備學堂學生稟請撫憲電阻俄約，並公議於四月二十四日呈進撫憲稟稿。但總辦及提調指摘學生藉端議論國政，視同謀反叛逆，竟革退學生二人，嚴禁演說，並以厲言恫嚇，其事遂寢。（註二二）

京師大學堂仕學、師範館學生的疏爭俄約，雖無濟大局。但京師大學堂之設，既以激發忠愛，端正趨嚮為宗旨，則仕學、師範館學生所發起的拒俄運動，就是京師大學生忠君愛國的最具體表現。

（註一）「萬國公報」卷一二〇，光緒二十四年十二月份，頁二一—二二。

（註二）同前書，卷一二一，光緒二十五年正月份，頁二一—二二。

（註三）「中國近代教育史資料」中冊，「欽定京師大學堂章程」，第七章「堂規」，頁五六五。

（註四）「奏定學堂章程」，「各學堂管理通則」，「學堂禁令」，頁一三—一四。

（註五）「大清德宗景皇帝實錄」卷五七二，頁二一，光緒三十三年四月己丑上諭。

（註六）「學部奏咨輯要」，光緒三十三年八月初十日，學部「奏爲遵議學堂冠服程式摺」。

（註七）「大清德宗景皇帝實錄」卷五六七，頁二，光緒三二年十一月庚戌上諭。

（註八）「中國近代教育史資料」中冊，「欽定京師大學堂章程」，頁五五四—五五五。

（註九）教育部檔案室，「國立京師大學堂」，平檔，叁拾玖目，第壹宗。光緒三十三年四月初四日，京師大學堂總監督、學部右丞奏京師大學堂師範科學生畢業考試補考科目、時間並獎勵摺。

（註一〇）「東方雜誌」第二年第五期，雜俎，「光緒三十一年四月中國事記」，頁四九。

（註一一）「清朝續文獻通考」，卷一〇六，喻長霖：「京師大學堂沿革略」，頁八六五〇。

（註一二）金梁著「光宣小記」，「大學堂」頁五七。

（註一三）「俄事警聞」，癸卯十一月初一日。

（註一四）「江蘇」第一期，光緒二十九年四月初一日，頁一三九。

（註一五）同前書，第二期，光緒二十九年五月初一日，頁四。

（註一六）「蘇報」，光緒二十九年四月二十四日，「學界風潮」，頁二。

（註一七）「新民叢報」第三十一號，光緒二十九年五月十日，紀事：「學生義憤」，頁一。

（註一八）「蘇報」，光緒二十九年四月十九日，「學界風潮」，頁三。

（註一九）同（註一七）。

（註二〇）同（註一五）。

（註二一）同（註一六）。

（註二二）「蘇報」，光緒二十九年五月初三日，頁二。

第五章　經費與設備

第一節　經費來源

按京師同文館的開辦經費每年需二十餘萬兩，各省同文、廣方言館、水師武備各學堂，每年亦各需十餘萬兩不等。(註一)京師爲首善地區，京師大學堂旣爲各行省學堂的表率，自不能因陋就簡。故李端棻於「奏請推廣學校以勵人才摺」中，卽擬請酌動帑藏，以崇體制。每年約需銀十餘萬兩。(註二)至其經費來源，則由戶部分飭南北洋大臣按月分撥銀五千兩，解交戶部，作爲開辦京師大學堂的專欵，並由官書局局員按月領取。其中大學堂學生膏火，每月分三班發放，頭班每月八兩；二班六兩；三班四兩。(註三)

光緒二十四年(一八九八)五月，軍機大臣曁總理各國事務衙門大臣奏設京師大學堂則請籌開辦經費銀三十五萬兩，其中常年經費約需十八萬兩。並議定京師大學堂經費應仿照西法，先列爲常年預算表，開辦預算表，然後按表撥欵辦理。其中除管學大臣不支薪外，其餘各教習及辦事人員，每年薪俸合計約八萬一千六百兩；學生膏火預算合計五萬四百八十兩；各項雜用預算合計五萬六千六百兩，總計每年共應支出銀約十八萬八千六百八十兩，是爲常年統計經費之數。茲分別將上述三項預算列表於後：

光緒二十四年京師大學堂教職員薪俸預算表（圖表十一）

職稱	人數	每人每月薪俸銀兩	每年合計銀兩	備註
總教習	一	三○○	三、六○○	
專門學分教習	一○	三○○	三六、○○○	
普通學分教習頭班	六	五○	三、六○○	
普通學分教習二班	八	三○	三、八八○	
西文分教習頭班	八	二○○	一九、二○○	
西文分教習二班	八	五○	四、八○○	
總辦	一	一○○	一、二○○	
提調	八	五○	四、八○○	
藏書樓提調	一	五○	六○○	
供事	三	四○	一、四四○	
謄錄	八	四	三八四	
合計			八一、六○○	

光緒二十四年京師大學堂學生膏火預算表（圖表十二）

級數	人數	每人每月膏火銀兩	每年合計銀兩	備註
第一級	三〇	二〇	七、二〇〇	
第二級	五〇	一六	九、六〇〇	
第三級	六〇	一〇	七、二〇〇	
第四級	一〇〇	八	九、六〇〇	
第五級	一〇〇	六	七、二〇〇	
第六級	一六〇	四	七、六八〇	
附設小學堂	一六〇	四	二、四〇〇	
合計			五〇、四八〇	

京師大學堂開辦經費，以修建學堂、購置書籍、器材及延聘西教習來華的川資爲大宗，每年合計約需銀三十五萬兩，其費用皆由總辦、提調經理，實支實銷，其預算可列表於後：

光緒二十四年京師大學堂開辦經費預算表（圖表十三）

項目	每年合計銀兩	備註
大學堂校舍	一〇〇、〇〇〇	
藏書樓	三〇、〇〇〇	
儀器院	二〇、〇〇〇	
中文書籍	五〇、〇〇〇	
西文書籍	四〇、〇〇〇	
東文書籍	一〇、〇〇〇	
儀器	一〇〇、〇〇〇	
洋教習川資	一〇、〇〇〇	
合計	三五〇、〇〇〇	

以上各欵均由戶部籌撥。自光緒二十四年（一八九八）七月初一日起每月應領各項經費，預先發放。（註四）

按戶部向有存放華俄銀行庫平銀五百萬兩，年息四釐，至光緒二十四年（一八九八）應得庫平銀二十萬兩，申合京平銀二十一萬二千兩。嗣經戶部奏准，以此項息銀由該行按年提出京平銀二十萬零六百三十兩，撥充大學堂常年用款。(註五)因聘用上等西教習每月需銀六百兩，孫家鼐又奏請將西人分教習薪俸，照原奏之數酌量增加。至學生膏火，則擬仿西國學堂之例，酌量變通，不給膏火，但給獎賞，以免學生為圖膏火而來，不肯誠心向學。(註六)光緒二十六年（一九〇〇），京師大學堂因拳亂停辦。戶部將華俄銀行未經付出存款，一律交回華俄銀行暨中國銀行暫行收管。光緒二十八年（一九〇二），重開京師大學堂，管學大臣張百熙奏請將光緒二十四年（一八九八）未撥華俄銀行存款計一萬一千三百七十兩，連同本息，全數撥充京師大學堂經費，仍存放華俄銀行生息，由大學堂與銀行自行結算，每年年終開單存覽，免其造冊報銷。另由各省合籌經費，撥濟京師：大省每年籌款二萬兩；中省一萬兩；小省五千兩，作為京師大學堂常年經費補助款項。(註七)同年二月，由京師大學堂資助翰林院編纂書籍計銀一萬二千兩，分作兩年撥給。又開辦京師譯書局暨上海分局，由華俄銀行息銀項下，每月撥交京局銀二千兩，滬分局一千兩，附入京師大學堂常年用款。光緒二十九年（一九〇三），開辦醫學實業館，其所需經費亦附入京師大學堂常年用款。(註八)京師大學堂添設進士館，庶吉士到堂後，每人每年由大學堂發給津貼銀三百兩，以資贍家。因此，師範館學生乃聯合仕學館學生向堂提調爭取。經管學大臣允准，議定以庶吉士每人三百兩項下，各提六十兩作爲師範、仕學館學生津貼。(註九)同年十一月，張百熙奏請資遣京師大學堂速成科學生分赴東西洋各國游學，約以七年爲率，計西洋十六人，統計需費十萬餘兩；日本三十一人，統計需費九萬餘兩，由京師大學堂實存項下，按年提撥，開單奏銷。光緒三十年（一九〇四），京師大學堂各項經費及各省解到學生津貼，均彙儲於學務處，每月由大學堂向學務處領用。光緒三十一年（一九〇五）十月，學務處改爲學部，嗣後大學堂經費，卽改由學部領取。(註一〇)光緒三十四年（一九〇八）七月，京師大學堂因籌辦分科大學，其開辦經費及常年經費，急需籌措。學部乃會同度支部奏請按年籌撥，由度支部撥給開辦經費二百萬兩，分爲四年撥給，每年五十萬兩，京師大學堂的建築設備費用，因得以從容撥給。(註一一)茲據「國立北京大學廿周年紀念册」暨「教育雜誌」等現存資料，將光緒三十一年（一九〇五）至宣統三年（一九一一）京師大學堂全年收支總額列表於後：

光緒三十一年至宣統三年京師大學堂全年收支總額一覽表（圖表十四）

年份	收入總額	支出總額	實存總額	備註
光緒三十一年	二〇八、八〇八・四三〇	一九四、九三二・七〇〇	一三、八五七・七三〇	單位
光緒三十二年	二二三、九一四・一七〇	二一六、九六一・八九〇	六、九五二・二八〇	

光緒三十三年	一九二、〇五三·〇〇〇	一八三、二六三·五七〇	八、七八九·四三〇
光緒三十四年	一九八、〇〇〇·〇〇〇	一九五、一七四·七一〇	二、八二五·二九〇
宣統元年	九二、七七九·六八〇	九一、六九一·五七〇	一、〇八八·一一〇
宣統二年	二五八、一九八·〇〇〇	二一一、七〇六·六二〇	四六、四九一·三八〇
宣統三年	二一四、〇五七·六五〇	一九〇、〇一六·八二〇	二四、〇四〇·八三〇
為京平銀兩			

光緒三十三年（一九〇七）以後，各省庫銀撥解資助京師大學堂常年經費補助款項已陸續解到。茲將光緒三十三年（一九〇七）至宣統元年（一九〇九）各省攤解大學堂經費滙存學部總額列簡表於後：

光緒三十三年至宣統元年各省攤解京師大學堂經費滙存學部數目表（圖表十五）

省別	光緒三十三年	光緒三十四年	宣統元年	備註
江蘇	一〇、六二七		一〇、六二七	單位為庫平銀兩
江寧	一〇、六二七		一〇、六二七	
江西	一〇、六二七	一〇、六二七	一〇、六二七	
陝西	一〇、六二七	一〇、六二七	一〇、五九九	

湖北	三、一八八	七、四三九	一〇、六一三	
湖南	一〇、二二〇		一〇、二二〇	
四川	一〇、六二七	一〇、六二七	一〇、六二七	
浙江	八、五〇二		一七、〇〇三	
安徽	五、三一三	五、三一三	五、三一三	
河南	三、一八八	三、一八八	五、三一三	
山西	五、三一三	五、三一三		
雲南	五、三一三	五、三一三	五、三一三	
貴州	二、一二五			
廣東	一〇、〇〇〇		二〇、〇〇〇	
直隸		一〇、五七四	一〇、六二七	
福建			三、一八八	
山東			一〇、六二七	
合計	一〇六、二九七	六九、〇二二	一五一、三二四	

京師大學堂為造就高深學術人才的最高學府，需欵至鉅。因各省無力舉辦，故建設於京師，以造就各省的人才，自應由各省分認欵項，撥解京師。但各省庫儲支納，多未按應解欵項滙解赴

京。以浙江省爲例：浙江一省每年應解經費銀八千餘兩，已屬不敷。但浙江巡撫於宣統二年（一九一〇）七月，竟奏請擬停解該項欵額。（註一二）

第二節　校舍修建

光緒二十二年（一八九六），官書局議覆開辦京師大學堂辦法時，因官書局暫賃民房開辦，頗感不便，而主張在京師適中地點，擇覓曠地，或購民房，暫建大學堂一區，容大學生百人，四圍分建小學堂四所，每所容小學生三十人。小學堂外四周，仍多留空地，種樹蒔花，以備日後擴充，建設藏書樓、博物院等用途。（註一三）

光緒二十四年（一八九八）五月，總理各國事務衙門奏請撥給公中廣大房室一所，暫充學舍，命官選工尅日興辦。其大學堂仍應別撥公地，另行建造。（註一四）旋派慶親王奕劻、禮部尙書許應騤辦理建設大學堂工程事務。同年六月，奕劻、許應騤乃奏請將地安門內馬神廟地方四公主府第作爲大學堂暫時開辦之所。清廷命總管內務府大臣量爲修葺，並命其尅日修繕，移交管學大臣接收，以便及時開辦。總管內務府奉諭後，卽派員前往查勘，共計三百四十餘間。因年久失修，房舍多毀。總管內務府乃咨行管學大臣派員會同查勘。六月二十八日，管學大臣孫家鼐卽率同總教習丁韙良及司員等前往視察。（註一五）七月初六日，孫家鼐將公所房間圖樣粘簽貼說咨送總管內務府，並稱「公所係屬借撥暫用，應仍照原房規制修理，不改樣式，坍倒者補行修蓋，滲漏者分別勾抹，牆垣倒塌者補砌，門窗殘缺者修補，積土刨除，即可移交本學堂接收。」(註一六)惟原房屋無後窗，必須一律改設。又擬在東北隅添造洋教習四合房住屋一所；在東南隅添造廚房一所；在西院添造南北房十二層，每院內蓋西下房一大間；後院添造學生齋舍三十間，馬號一所。總管內務府一面督飭廠商前往開工，一面估計錢糧。據承修司員等估價，各項工作物料共需實銀十一萬兩。並經該司員等覈減三成銀三萬三千兩，尚需實銀七萬七千兩。總管內務府大臣公同商酌後，議定共需十成實銀六萬九千三百兩。其所有應需錢糧係由戶部按照十成實銀一併撥給。(註一七)七月二十九日，孫家鼐又率同丁韙良前往馬神廟府第再度查看，所有原擬修繕房舍案，仍有應行更改添建之處。九月二十七日，總管內務府將已修改正院、西院舊有房舍部分先交大學堂。十一月十七日，東院房舍復經總管內務府督飭廠商將應修改修各工一律修齊，並移交大學堂接收。至添改續修各項所需錢糧，亦飭廠商核實開報，共需十成實銀二萬九千八百五十三兩，仍援案由戶部發給。(註一八)

京師大學堂開辦以後，中經庚子拳匪之亂，校舍多毀。光緒二十八年（一九〇二）正月，清廷命管學大臣張百熙覈實估修大學堂房舍。(註一九)張百熙規往勘視，丈量大學堂四周圍牆，計南北不過六十丈，東西不過四十丈。中間所有房屋，僅敷講堂及教職員之用。而其西北兩邊講舍共計不足百間。京師大學堂開辦二年餘，學生從未足額，一切因陋就簡。朝廷既一意興學育才，重新開辦京師大學堂，學生足額以後，再加以同文館學生及官員司役等，不下千人，斷非此數十方丈地區所能容納。故張百熙奏請就大學堂東西南三面增拓數十丈，其地面所有房屋，多係破舊民房，可公平估價，購買入官，此項新拓地面，卽作爲增建學舍之需，以崇體制。(註二〇) 經派員估修後，增拓校舍百二十餘間，合原有百四十餘間，共計二百六十餘間。

京師大學堂舊址，係在景山下，規模殊狹，無從擴充。光緒二十九年（一九〇三），張百熙等曾奏請在城外興築，已購定豐台左台地基一千三百餘畝，立意興建新校舍，後有人奏稱學生在城內較易於約束，而擬於端王府處加以改建。及相度地基後，始知僅敷開辦現有速成、預備兩科，將來仍不能推廣，故榮慶決計在城外修建，並與英國工程師、天津洋行工程商訂立合同，擇日興辦。據當時估價需銀百萬兩。英國工程師已赴京師打樣繪圖，但中國所存俄國銀行欵項，因日、俄局勢緊張，一時難於提撥，只得暫作罷論。(註二一) 光緒三十年（一九〇四）二月，復就京師大學堂西偏曠地營造齋舍。八月，借撥內務府所屬漢花園卽沙灘舊址，南北二十丈，東西三十九丈，舊房十七間，改建操場。光緒三十一年（一九〇五）十月，復撥德勝門外操場東西四百八十丈，南北四百四十丈之地，以充建設政治、文學、格致、工等各分科之用，並購瓦窰地方作爲專設農科之用。(註二二) 至本年底，營建講堂計二十九所，校舍共四百五十餘所，以儲書籍、儀器、標本及雜物等。（註一三）光緒三十二年（一九〇六）二月，添建會議室一所。截至光緒三十三年（一九〇四）冬，京師大學堂連同馬神廟舊址及陸續添撥不動產計：西式評議室一間；講堂十一所，共六十間；西式樓房講堂八所，南北樓二座共九十間；禮堂一間；總監督住室二間；自習室共三十一間；學生寢室共一百六十三間；提調管理員住室共二十四間；教習住室共十間；教習憩息室共九間；管理員接待所共五間；學生接待所共三間；庶務人員辦事處共四間；講堂辦事處共三間；監學辦事處共一間；儲藏室共二十四間；繕印處共十二間；書記住室共十六間；差役住室共十四間；食堂一座；調養室共十六間；藏書樓上下共十四間；動植礦物標本室三處共十三間；化學、物理、儀器室二處共六間；化學實驗室五處共二十一間；化學藥品材料室三處共八間；天平室共三間；暗室共三間；電話室一間；浴所共九間；廚房共十二間；合計共十九所三座十三處五百七十九間。至於京師大學堂本部迤東校外地方，尚有操場、植物園各一處；在西老胡同尚有教習住室一所共八間，合計二處一所八間。其校內外房地面積，計：堂舍東西所佔地面爲五十六丈一尺，南北所佔地面爲六十一丈六尺；體操場東西所佔地面爲三十丈五尺，南北所佔地面爲二十丈零二尺；植物園東西所佔地面爲二十丈零一尺，南北所佔地面爲二十二丈零五尺，合計東西所佔地面爲一百零六丈七尺，南北所佔地面爲一百零四丈三尺，共總面積約八萬七千五百三十九丈見方。光緒三十四年（一九〇八），續建預科及優級師範科兩處講堂。宣統元年（一九〇九），復擴建校內外堂舍，計：校內講堂六座共二十四間；教習憩息室一座共四間；齋舍共九十六間；正房共五間；左右遊廊共十八間；大門兩側橫房共十二間；廁所共五間；校內迤北隙地添建調養室共五間；診治所共三間；聽差室共三間；廁所共三間，合計七座一百七十八間。（註二四）京師大學堂一切設備，經歷年擴建，規模日拓，至是已粲然大備。

（註一）「時務報」第二十册，官書局「議覆開辦京師大學堂摺」，頁七。

（註二）「光緒朝東華錄」㈦，頁三七七三，光緒二十二年五月丙申上諭。

（註三）「時務報」第二十册，官書局「議覆開辦京師大學堂摺」，頁六—七。

（註四）「大清德宗景皇帝實錄」卷四二二，頁一二，光緒二十四年六月辛亥上諭。

（註五）「光緒朝東華錄」㈨，頁四八〇四，光緒二十八年正月丁卯上諭。

（註六）同前書，頁四一三八，光緒二十四年六月甲辰上諭。

（註七）同前書，頁四八〇五，光緒二十八年正月丁卯，張百熙「奏陳設立京師大學堂辦法摺」；「大清德宗景皇帝實錄」卷四九三，頁三，光緒二十八年正月丁卯上諭。

（註八）「國立北京大學二十周年紀念册」，沿革一覽，「大學成立記」，頁一六。

（註九）「新民叢報」第三十八、三十九合號，紀事：「記北京大學堂事」，頁一。

（註一〇）同（註八）

（註一一）「學部官報」第六十四期，頁一，學部會同度支部「奏分科大學開辦經費按年籌撥部款摺」。

（註一二）「學部官報」第一三八期，文牘：「覆大學堂前學務處及本部奏籌奏提各款各省永遠遵行已駁復浙撫並咨度支部在案文」，頁六。

（註一三）「時務報」第二十册，官書局「議覆開辦京師大學堂摺」，頁六。

（註一四）「光緒朝東華錄」㈦，頁四〇九〇，光緒二十四年五月丁卯上諭。

（註一五）「文獻叢編」上册，「修葺京師大學堂基址案」，光緒二十四年七月初二日「總管內務府奏爲查勘大學堂工程摺」，頁五六〇。

（註一六）同前書，光緒二十四年七月初九日：「總管內務府奏爲照圖修造大學堂工程摺」，頁二。

（註一七）同前書，光緒二十四年七月十八日：「總管內務府奏爲估修大學堂請欵數目摺」，頁三。

（註一八）同前書，光緒二十四年十一月十七日：「總管內務府奏修馬神廟空閑府第移交大學堂並請續撥欵項摺」，頁四。

（註一九）「大淸德宗景皇帝實錄」卷四九三，頁八，光緒二十八年正月壬申上諭。

（註二〇）「光緒朝東華錄」㈨，頁四八〇二，光緒二十八年正月丁卯，張百熙：「奏請添建講舍摺」。

（註二一）「新民叢報」第四十二、四十三合號，光緒二十九年十月十四日，記事，「大學轇轕」，頁六。

（註二二）「國立北京大學廿周年紀念册」，設備，頁五－八。

（註二三）房兆楹輯「淸末民初洋學學生題名錄初輯」，頁五五－五六。

（註二四）同（註二二）。

第六章　附設機構

第一節　譯學館

光緒二十八年（一九〇二）十一月，京師大學堂管學大臣張百熙奏請改同文館爲繙譯科。十二月詔以曾廣銓爲繙譯科總辦。（註一）光緒二十九年（一九〇三）三月，清廷爲造就外交人才，就京師大學堂迤北附近隙地購置民房，設立譯學館，並將原設繙譯科歸併在內，仍由京師大學堂兼轄。同年九月二十九日，譯學館開學授課。（註二）譯學館內設監督、教務提調、專門學教習、外國文教習、普通學教習、助教、庶務提調、文案官、收支官、雜務官、齋務提調、監學官、檢察官等員，（註三）以朱啓鈐爲監督。譯學館開辦後，經費支出甚鉅。據光緒三十三年（一九〇七）京師大學堂統計，其常年經費共需京平足銀九萬一千二百兩，其修建講堂共計京平足銀六千三百五十兩，全年支出總額爲京平足銀九萬七千五百五十兩，而是年京師大學堂全年支出總額爲京平足銀一十八萬三千二百六十四兩，故譯學館光緒三十三年（一九〇七）全年支出總額約佔京師大學堂全年支出總額百分之五十三。

譯學館的設立，係專爲學習外國語文的學生入館肄業，以便繙譯外國語文，辦理中外交涉，並編纂文典。譯學館既爲國家儲備政事人才的重要機構，以修飭學生品行爲主，以兼習普通或專門學爲輔。又鑒於從前同文館學生於中國文詞，多不措意，於中國文理既欠深厚，於精深西書更不能確解通達。且中文基礎太淺，入仕以後，才非遠到，故譯學館的課程內容，特別重視中學，此卽「中體西用」精神的表現。其外國文分設英文、法文、俄文、德文各一科，每人選修一科，不必兼習，以期專精。但需選修普通學與專門學。其普通學科目包括：人倫道德、中國文學、歷史、地理、算學、博物、理化、圖畫、體操等九科；其專門學科目則包括：交涉學、理財學、教育學等三科。在教材方面，其普通學係以採用京師大學堂所編講義爲主；而交涉、理財等專門學則採用外國學校課本。其修業年數均以五年爲限。(註四)

譯學館的學生來源，係以考取中學堂五年畢業生爲合格，但因開辦伊始，暫行考取文理通順及粗解外國語文者入館肄習。至於京師大學堂附設簡易科或進士科中略通外國文者亦得調取入學。學生五年學習期滿，舉行畢業考試，遵照繙譯科鄉試例，由大學堂預備科兼辦，簡放主考，照章考試合格者獎給出身。其原係進士、舉人出身，而有官職者，視其所考等級，比照章程，按原官優保升階。原無官職者，則優保官階。其原非進士、舉人者則照章獎給出身。其考列最優等者，作爲舉人出身，內以主事分部儘先補用，外以直隸州分省儘先補用，升入大學堂分科大學或咨送出洋肄業，其不願入大學及出洋者，主事以原官分發外務部、商部分司儘先補用；考列優等者，作爲舉人出身，內用內閣中書，外用知縣。中書應專派充外務部、商部譯員，並在本衙門儘先補用。知縣分發各省儘先補用，充繙譯委員或交涉委員，並准出使各國大臣奏充繙譯領事等員。其願充各省外國語文學堂教習者聽之；考列中等者，作爲舉人，內以七品小京官分部、外以通判分省補用，准充各處中學堂外國語文教習；考列下等者，留堂補習一年，再行考試。(註五)宣統元年（一九〇九）閏二月，學部鑒於近來官制與原定章程稍有出入，且學部設立以後，需用譯才之處頗多，乃奏請將譯學館畢業得獎主事、小京官者，儘先由學部擇尤留部補用，其餘則吏部查照舊章籤分外務部、農、工、商部。得獎直隸州、知縣、通判者，專分往通商口岸省分候補。(註六)

譯學館學生分爲甲、乙、丙、丁四級。其甲級學生於光緒二十九年（一九〇三）八月，考取入館肄業，計至光緒三十四年（一九〇八）八月，已屆畢業之期，但因所習算學、理化、圖畫等科學課程，由於教習缺乏，其教材無從採輯，故不克按進度授畢。(註七)經學部飭其補授完備，至同年十月，始於學部舉行畢業考試，除霍樹霖一名尚在百日丁憂假內未與考外。計應考學生四十一名。經學部按其所習科目，分場考試。計考列最優等秦錫銘一名，優等謝式瑾等九名，中等姚澄等二十九名，下等二名，均經照章請獎，分別榜示在案。(註八)宣統元年（一九〇九），譯學館乙級學生畢業。其丙級學生係於光緒三十一年（一九〇五）下學期始入館肄業，計至宣統二年

（一九一〇）九月，五年期滿，由譯學館監督呈請考試。學部於九月初九至十三等日，按學生所習科目，在學部分場局試。其中除胡憲生業經游美學務處考送出洋未與考外，計應考學生共四十名。其考列最優等者計謝冰等三名，考列優等者計劉先觀等八名，考列中等者計雷孝敏等二十七名，考列下等二名，均照章獎給出身。（註九）至於譯學館丁級學生則遲至光緒三十二年（一九〇六）十一月始經學部奏准添招。（註一〇）

第二節　進士館

光緒二十八年（一九〇二）十一月，清廷鑒於學堂初設，成材需時。科舉改試策論以後，士人固可免去帖括空疏流弊。但學堂以言取人，不易發掘眞才。而進士爲入官之始，必須加意作育，遂命自明年會試爲始，凡一甲授職修撰偏修及二三甲改庶吉士用部屬中書的新進士，皆令其入京師大學堂分門肄業。其在堂肄業的一甲進士、庶吉士則必須領有畢業文憑，始能咨送翰林院散館。並規定將學堂功課分數於引見排單內註明，以備酌量錄用。（註一一）光緒二十九年（一九〇三）正月，京師大學堂附設進士館。（註一二）但欲令本科修撰、庶吉士、中書、主事一概入學堂肄業，則窒礙難行。其仕學館舊址固狹隘無法容納，年歲在三十五以上的新進士更感到心有餘而力不足。同年六月，御史張元奇乃奏請酌加變通，或以年歲爲律，其年長者聽其自便入學，或習定額數，以示限制。(註一三)同年十一月，經張之洞等公同商酌後，乃奏請令新進士年在三十五歲以下者，無論翰林部屬中書，均一體入館肄業。並酌給津貼銀兩，由各該進士本籍省分，籌欵解交京師大學堂，按月轉發各學員，不准托詞規避；其年在三十五歲以上而無力入學者，則准其前赴學部呈明，改就知縣分發各省，與本科卽用知縣一體按資敍補。(註一四)

進士館的設立是欲使向業科擧的士人增益普通學識，講求政法方言，以期通時務，而應世變。因此，進士館係以培植新進士使其成爲「果、達、藝」的優秀從政人才爲宗旨。其課程分爲史學、地理、教育、法學、理財、交涉、兵政、農政、工政、商政、格致、西文、東文、算學與體操等科。其中史地、教育、法律、理財、交涉、東文、西文等科是屬於「達」的教育內容；兵政、體操等科是屬於「果」的教育內容；格致、算、農、工、商學等科則是屬於「藝」的教育內容。(註一五)一言以蔽之，就是政藝兼學，智德體三育並重的教育內容。

進士館的修業年限爲三年，期滿畢業考試合格者，照章獎勵。其考列最優等者，翰林奏請留館授職外，並保獎遇缺題奏，部屬中書均保獎以原官遇缺卽補；考列優等者，翰林留館授職外，保加升銜，並酌派本衙門要差，部屬中書均保歸原衙門較優班次補用，並酌派本衙門要差；考列中等者，翰林留館授職外，並酌派館，部屬、中書，酌派本衙門主稿等差。如翰林、部屬、中書有自願外用知縣者，准其呈明學務大臣，均以知縣照散館班次卽選，先翰林、次部屬、次中書；

考列下等者，翰林、部屬、中書均留館補習一年，再行考試，分等錄用。如第二次仍考下等及不願留館補習者，翰林以部屬分部補用，部屬、中書均以知縣分省補用；考列最下等者，翰林、部屬、中書均以知縣歸班銓選。(註一六)

光緒三十二年(一九〇六)七月，因進士館癸卯科進士八十餘名，將於丙午年(光緒三十二年)終畢業，甲辰科進士三十餘名，應於丁未年(光緒三十三年)終畢業。進士館學員日少一日。而學科不能議減，經費無從節省，學部乃奏請將所有新進士除癸卯科學員畢業期近，仍留館肄業俟畢業後再行派遣出洋游歷外，其甲辰科進士學員，均派赴日本東京法政大學速成科第五班肄業。其所需費用，則由進士館經費項下撥充。(註一七)

進士館自光緒三十年(一九〇四)四月開辦計至光緒三十二年(一九〇六)十二月止，卽滿六學期，進士館監督乃照章將各學員履歷册，行檢分數册，功課分數册，敎員各科講義，各學員講堂筆記等分別咨呈學部備查。(註一八)學部乃奏請由軍機處開單簡派會考大臣。十二月初六日，朝旨派孫家鼐、壽耆、陸潤庠、張亨嘉四員會同學部於十二月初七至初十等日，親往進士館，按照各學員所習科目，分門考驗。由孫家鼐擇要命題，並加試經史等科，以覘根柢。十二月十一至十八等日，會同閱卷。共計內班學員考列最優等三十名，卽：郭則澐、胡大勛、朱壽朋、陸鴻儀、水祖培、陳雲誥、陳善同、夏壽康、顧準曾、呂慰曾、顧承曾、朱國楨、史寶安、潘鴻鼎、潘昌煦、楊　渭、汪昇遠、呂興周、秦曾潞、張祖蔭、張　濂、朱燮元、范之杰、王壽彭、王大鈞、張家駿、林步隨、龔元凱、徐　謙、孔昭晉、吳增甲、馬振憲、趙曾檣、王震昌、左　霈、商衍瀛、徐彭齡、張恕琳等員；優等二十一名，即：汪應焜、趙東階、張之照、饒叔光、史國琛、張新增、龔慶雲、楊廷綸、佘炳文、胡　藻、劉　敬、于君彥、丁毓驥、李玉振、尙秉和、胡炳益、延　昌、陳樹勛、吳　璆、區大典、趙澂鴻等員；中等十六名，即：路士桓、藍文錦、華宗智、徐詔熙、恭　正、胡嗣瑗、王　塤、程繼元、賴際熙、鄭家溉、談道隆、吳功溥、周廷幹、朱德垣、羅經權、劉鳳起等員；下等二名，即：晉魁與魯爾斌等員。其外班學員考列優等計十一名，即：欒駿聲、郭銘鼎、徐　晁、何啓椿、唐瑞銅、劉啓瑞、任祖瀾、袁祖光、何景崧、田步蟾、蕭炳炎等員；中等十七名，即：杜述琮、李漢光、溫　肅、楊繩藻、王　枚、魯　藩、白葆瑞、張蔭椿、蔣尊褘、黃兆枚、胡位咸、吳建三、魏元戴、詔　先、石金聲、楊巨川、王思衍等員。出洋游學畢業學員考列優等一名，即張鼎一員。(註一九)光緒三十三年(一九〇七)二月，進士館內外班畢業學員，均分別引見授官。(註二〇)

光緒三十二年(一九〇六)七月，學部於「奏變通進士館辦法摺」，內會奏明將進士館原有堂舍，改設別項學堂。同年十二月二十日，奉准將進士館改設「京師法政學堂」。(註二一)

第三節　博物品實習科

光緒三十三年（一九〇七）六月初七日，京師大學堂附設博物品實習科，就院西左側南北樓地方開辦。計分三類：第一類習製造標本；第二類習製造模型；第三類習圖畫。每類完全科以三年畢業。簡易科以二年畢業。先辦簡易科，每類各開一班，由京師督學局及各省提學使錄送各學堂學生入實習科肄業，以便學成專供中學博物、生理等科教習之選。同年七月，將各處咨送學生由大學堂覆試入學開課，以李榮黻為實習科科長。（註二二）

博物品實習科簡易科於光緒三十三年（一九〇七）下學期入堂，扣至宣統元年（一九〇九）下學期，已歷二年四學期，乃奏請學部准予比照中等工業學堂酌量給獎。但中等工業學堂本科肄業三年為限，而簡易科僅滿二年，與定章不合，未便議獎，經學部飭其展習一年。宣統元年（一九〇九）十一月，簡易科學生復行入堂肄業，租賃大學堂後椅子胡同房舍續辦，以劉盥訓為科長，邵修文為副科長，並聘日本紓田昇平為教習，松井篠吉、松野章永、野定次郎等為助教。（註二三）

宣統二年（一九一〇）十一月，簡易科三年肄業期滿，遵照定章於十二月舉行畢業考試，並比照中等實業學堂獎勵章程，分等優獎。除考列下等第一類學生王銑、方元度二名未予議獎外，所有考列最優等第一類學生向振風作爲拔貢；降列優等第三類學生程博識及考列優等第一類學生傅林炤、尹克襄、尙　烈、王　寅、鄧聚奎，張秉釗、季宗魯，第二類學生閻永輝、楊遠臨、陳永蕃，第三類學生李蘇同、何久道、許鴻模等十四名均作爲優貢；降列中等第三類學生布青陽及考列中等第一類學生羅家清、駱　唯、馬步洵，第二類學生謝　奮、石之銳，第三類學生張廷良、趙書麟等八名均作爲歲貢，照章升入高等實業學堂肄業，其不願升學者則照章以州判府經主簿分別分省補用。(註二四)

第四節　其　他

交師大學堂附設機構，除譯學館、進士館、博物品實習科外，尙有醫學館、八旗官學、附屬高等小學及編譯局等，茲分別敍述於後。

醫學館　光緒二十八年(一九〇二)八月，京師大學堂奏請就原有醫學一門附設醫學實業館。光緒二十九年(一九〇三)三月，賃地安門內太平街民房，陳請開辦，招收練習生數十名開學授課，兼授中西醫學。光緒三十一年(一九〇五)二月，學務大臣孫家鼐奏請建造堂舍，與施醫總局合辦，(註二五)藉資實習。就前門外後孫公園施醫總局東偏餘地，建築醫學館堂舍。光緒三十二年(一九〇六)十二月，醫學館學生肄業期滿，除修業生三名未予議獎外，其餘畢業生長與等三十六名均照章獎給醫科貢生，作爲正途出身。其原係舉人吳之翰一名，則給予畢業文憑，不另給獎勵。（註二六）因中西醫派不同，不遑兼習，學部乃奏請將醫學實業館改爲「京師專門醫學堂」，中西醫學，分科肄習。（註二七）

八旗官學　光緒二十八年（一九〇二）正月，因宗室、覺羅、八旗等官學辦理不善，翰林院侍讀寶熙乃奏請改設小學、中學堂，均歸入京師大學堂辦理。（註二八）八旗官學共分八學，每學百餘人，合宗室及覺羅等學共約千人。及其併歸京師大學堂後，仍設小學八所，而以中學一所統攝之，以毓朗爲中學總教習，喬樹枏爲副總教習，寶熙爲正總辦，劉若曾爲副總教習。（註二九）光緒二十九年（一九〇三）十一月，京師大學堂官制變更後，八旗各官學，遂改隸於京師督學局。

附屬高等小學堂　光緒三十二年（一九〇六），京師大學堂優級師範科學生即將畢業，爲使師範學生實地練習，同年八月，京師大學堂乃開辦附屬高等小學堂，奏調內務府三旂高等小學生入學肄業。令各班師範學生充任小學實習教員，分科教授，以王誦熙爲辦事官。光緒三十四年（一九〇八）十二月，三年期滿，除程度較高的小學生保送滿蒙高等學堂預科外，其餘均遣回三旂高等小學，轉入第四年級肄業。（註三〇）

編譯局　光緒二十四年（一八九八）五月，籌辦京師大學堂時，孫家鼐卽請於京師大學堂內附設編譯局，集中西通才，專司纂譯。（註三一）光緒二十八年（一九〇二）二月，京師大學堂重新開辦，仍附設編譯局，編輯學堂各類教科書。以嚴復爲譯書局總辦，以李希聖爲編書局總纂，李稷勳、韓樸存等分任分纂。(註三二)同年十一月，設譯書分局於上海。十二月，管學大臣張百熙復奏請於上海譯書分局附設印書局一所，所有大學堂編譯書籍，均交印書局承印。(註三三)光緒三十年(一九〇四)七月，編譯局停辦。

(註一)「國立北京大學卅週年紀念册」，沿革一覽，職員一覽，頁二。

(註二)「中國近七十年來教育記事」，頁一二，轉錄「辛亥刊京師譯學館校友錄」。

(註三)「奏定學堂章程」，「譯學館章程」，頁一。

(註四)同前書：「立學總義章」，頁一；「學科程度章」，頁二。

(註五)「京師譯學館畢業獎勵章程」頁一三。

(註六)「學部奏咨輯要」，宣統元年閏二月二十五日，學部奏：「譯學館畢業學員籤分京外辦法片」。

(註七)「學部官報」第五十九期，文牘：「劄譯學館甲級學生補授算學、理化、圖畫各科文」，頁二四六。

(註八)同前書，第八十四期，學部章奏：「奏譯學館甲級學生畢業請獎摺」，頁二。

(註九)同前書，第一四五期，學部章奏：「奏譯學館丙級畢業請獎摺」，頁一六。

(註一〇)同前書，第一三期，文牘：「咨覆譯學館添招丁級學生辦法文」，頁八五。

(註一一)「大淸德宗景皇帝實錄」卷五〇七，頁一，光緒二十八年十一月戊午上諭。

(註一二)「國立北京大學卅週年紀念册」，沿革一覽，頁二八。

(註一三)「大淸德宗景皇帝實錄」卷五一七，頁五，光緒二十九年六月庚申上諭。

(註一四)「奏定學堂章程」，頁一〇，光緒二十九年十一月張之洞等「奏請變更新進士入館肄業摺」。

(註一五)「進士館章程」：「立學總義章」，頁一；「學科課程章」，頁三。

（註一六）「京師進士館畢業獎勵章程」頁一四。

（註一七）「東方雜誌」第三年第十期，「各省游學彙誌」，頁二八一。

（註一八）「學部官報」第十三期，學部章奏：「奏陳進士館學員畢業考試辦法摺」，頁一〇一。

（註一九）同前書，第十五期，學部章奏：「奏考試進士館學員摺」，頁一二七－一三二。

（註二〇）「大清德宗景皇帝實錄」卷五七〇，頁一二。光緒三十三年二月庚寅：「引見進士館畢業學員，得旨考列最優等之修撰王壽彭，編修左霈，潘鴻鼎、潘昌煦均着記名遇缺題奏；二甲庶吉士郭則澐、胡大勛、朱壽朋、陸鴻儀、陳善同、夏壽康、顧承曾、史寶安、楊渭、汪昇遠、張祖蔭、張濂、范之杰、王大鈞、張家駿、龔元凱、徐謙、吳增甲、王雲昌、商衍瀛、張恕琳均著授職編修，並記名遇缺題奏；三甲庶吉士水祖培、林步隨、馬振憲均著授職檢討，並記名遇缺題奏。考列優等之編修趙東階，檢討余炳文均著賞加侍講銜；二甲庶吉士張之照、楊廷綸、胡藻、于君彥、胡炳益、陳樹勛、區大典均著授職編修，並賞加侍講銜；三甲庶吉士延昌著授職檢討，並賞加侍講銜。考列中等之二甲庶吉士路士桓、藍文錦、賴際熙、鄭家溉、劉鳳起、溫肅均著授職編修；三甲庶吉士周廷幹著授職檢討。考列最優等之主事顧準曾、呂興周、朱夔元、孔昭晉、趙曾儔、徐彭齡均著准其留部，以原官遇缺即補。考列優等之主事汪應焜、饒叔光、史國琛、張新曾、龔慶雲、劉敬、丁毓驥、李玉振、趙瀫鴻、欒駿聲、郭銘鼎、徐冕、何敬椿、任祖瀾、袁祖光、何景崧、張鼎均著准其留部以原官儘先補用。考列中等之主事談道隆、杜述宗、王枚、張蔭椿、蔣尊禕、黃兆枚、吳建三、王思衍均著准其留部。考列優等之內閣中書劉啓瑞、龔炳炎均著以原官本班儘先補用；庶吉士華宗智、吳功溥、羅經權；主事徐昭熙、恭正、王壎、李漢光、楊緗藻、魯藩、白葆端、胡位咸、楊亘川均著以知縣歸部即選。」；同書卷五八二、頁八、光緒三十三年十一月戊戌：「驗看進士館畢業學員。得旨，翰林院庶吉士朱國楨著授職編修，並記名遇缺題奏，度支部學習主事朱德垣著以知縣即用。」

（註二一）「學部官報」第十四期，學部章奏：「籌設京師法政學堂酌擬章程摺」，頁一一二。

（註二二）同前書，第二十七期，文牘：「咨復大學堂附設博物品實習科課程均屬切實可行應准照辦文」，頁一四〇－一四一。

（註二三）「國立北京大學廿週年紀念册」，沿革一覽，頁三〇。

（註二四）「學部官報」第一五一期，學部章奏：「奏京師大學堂附設博物科實習科學生畢業請獎摺」，頁一三一—一四。

（註二五）「大淸德宗景皇帝實錄」卷五四二，頁一二。

（註二六）「學部官報」第十五期，學部章奏：「請獎醫學實業館畢業學生摺」，頁一三三。

（註二七）同前書，第十三期，學部章奏：「擬改醫學館爲京師專門醫學堂摺」，頁一〇九。

（註二八）「大淸德宗景皇帝實錄」卷四九三，頁九，光緒二十八年正月癸酉上諭。

（註二九）「國立北京大學廿週年紀念册」，沿革一覽，頁二九。

（註三〇）同前註，頁三〇。

（註三一）「光緒朝東華錄」㈦，頁四一一八，光緒二十四年五月辛巳，孫家鼐「奏陳開辦京師大學堂辦法摺」。

（註三二）「國立北京大學廿週年紀念册」，職員一覽，頁二一六。

（註三三）「大淸德宗景皇帝實錄」卷五〇九，頁四，光緒二十八年十二月壬辰上諭。

第七章　結　論

京師大學堂自倡議籌辦至民國成立後改稱北京大學爲止，前後共十七年之間，大致可畫分爲兩個段落：自丙申年（一八九六）至庚子年（一九〇〇），共計五年，屬於第一個階段，爲艱難締造時期。京師大學堂經戊戌政變後，在異常困難的環境裏草率開辦。學生固未足額，規制尤欠詳備，不過略存體制而已；自辛丑年（一九〇一）至壬子（一九一二），共計十二年，屬於第二階段，爲整頓開拓時期。京師大學堂經拳亂停辦後，重新開學。釐定章程，擴建校舍，其規模制度遂日臻完善。

清季在設立學務處以前，學校與教育行政合而爲一。京師大學堂不僅是培養人才的最高學府，同時也是全國最高的教育行政機構。管學大臣不但應管理京師大學堂本身事務，且須節制全國各級文武學堂。五城添立中、小學堂，固須經管學大臣妥籌具奏；各省書院改設學堂，亦須頒給京師大學堂章程，令其仿照辦理。(註一)京師大學堂對內有覆試各級學堂學生，並帶領引見的義務，對外有派遣學生分赴東西洋各國游學的權力。時務報改爲官報，須經管學大臣擬定章程，京外各報館發行的報紙，亦須咨送京師大學堂轉呈御覽。(註二)編譯局出版的書籍，也要由管學大臣負責審查。因此，京師大學堂無異是清季新式教育制度的縮影。

京師大學堂正式開辦以後，時遭物議。光緒二十五年（一八九九）三月，京師大學堂開辦不及半載，御史吳鴻甲即以其糜費過甚，奏請歸併刪除。（註三）同年五月，御史熙麟復因京師大學堂歲虧鉅欵，奏請裁撤。（註四）庚子拳亂時，聯軍入京，國人通西語者，多受其僱請，而爲西人導引。外界盛傳京師同文館及大學堂學生亦有隨同衆人受僱於西人者。北京使館遭拳匪圍攻時，京師大學堂華人敎習竟有協助西人堵塞朶牆者。（註五）十九世紀以來，自由民權之說盛極一時，守舊廷臣深慮大學堂學生喜新厭舊，醉心革命，故多方壓制。袁世凱於召對時，亦面陳京師大學堂辦事諸人中「多輕躁少年」，學生中亦極多「不安分者」。（註六）管學大臣張百熙甚至屢次爲人所奏參。（註七）監察御史胡思敬更針對京師大學堂列擧十弊六害，而奏請整飭。（註八）

京師大學堂自開辦以來，固然毀多於譽；戊戌政變之後，新政雖被推翻，但是外患依然存在，外在的壓力迄未減弱。使國家富與强，仍然爲朝野知識分子共同的願望，傳統慣性力遂始終隱而不顯。再從實際參與辦理京師大學堂的執事人員多係屬於科擧出身的在職京官這點來看，守舊派固然攀附政治勢力，維新派同樣也援引政治勢力。同時在「新學與舊學」及「中學與西學」的思想論戰過程中，維新派固然承認西學的價值，然而並未揚棄中學的價值。維新派就在「中體西用」的共通觀念下提出一套比較完整而有系統的敎育改革方案。他們的宗旨固定，步調一致。終於使京師大學堂成爲調和新舊思想與融貫中西學術的大熔爐。京師大學堂的中學敎習與西學敎習能同時在一個學堂內分門授課；科舉出身的學生能同時接受倫理與科學的觀念，「中體西用」確實產生了極大的功能。由於清季「張三世」與西方「演化論」會通的結果，使「中體西用」的變異法則，得到了有力的理論根據。為培養急功速效的人才，清季知識分子對教育的實施乃主張以萬世不變的中國聖賢義理之學來陶冶民德，博採實用的西學以之啓迪民智，並以軍事體育來充實民力，這種智德體三育並重的教育內容，就是中國講求富與强的基礎。

京師大學堂設立在全國的政治重心——北京，集中全國的人力與物力以從事教育的改革，自然較易收效。其經費開支的龐大，校舍建築的巍峨，器材設備的完善，人事制度的健全等均非各省學堂所能同日而語。從京師大學堂成為各省學堂的表率及其倡導新式教育風氣的功能等方面加以觀察，京師大學堂的創辦經過，無疑充分地代表了時代的意義。

（註一）「大清德宗景皇帝實錄」卷四二一，頁五：「御史張承纓奏，請於五城添立小學堂中學堂一摺。著孫家鼐酌覈辦理。」；同前書，卷四二〇，頁九：「至於學校等級，自應以省會之大書院為高等學，郡城之書院為中等學，州縣之書院為小學，皆頒給京師大學堂章程，令其仿照辦理。」

（註二）同前書，卷四二一，頁七：「諭。孫家鼐奏，遵議上海時務報改為官報一摺。報館之設，所以宣國是而達民情，必應官為倡辦。該大臣所擬章程三條，均尚周妥，著照所請，將時務報改為官報，派康有為督辦其事，所出之報隨時呈進。其天津、上海、湖北、廣東等處報館，凡有報單，均著該督撫咨送都察院及大學堂各一份，擇其有關時事者，由大學堂一律呈覽。」

（註三）同前書，四四一，頁一〇，光緒二十五年三月甲戌上諭。

（註四）同前書，卷四四五，頁七，光緒二十五年五月丙寅上諭。

（註五）「北京新聞彙報」第二册，光緒二十七年五月二十一日轉載中外日報「論嚴辦學生事。」；「萬國公報」卷一四二，頁三，林樂知、任廷旭譯丁韙良演說北京使館被圍事略。」

（註六）「新民叢報」第二十七號，頁二，教育時評，「痛哭中國學務之前途」。

（註七）同前書，第七號，中國近事，頁二。又第十四號，中國近事，頁一。

（註八）「大清宣統政紀」卷十七，頁六，宣統元年七月庚戌上諭。

附錄

一、京師大學堂歷任職員一覽表（光緒廿八年至宣統三年）（圖表十六）

職稱	姓名	任職年月	離職年月	備註
正總辦	于式枚	光緒廿八年正月		實任
副總辦	李家駒	光緒廿八年正月		實任
副總辦	趙從蕃	光緒廿八年正月	光緒廿八年十二月	實任
總辦	姚錫光	光緒廿九年三月		實任
本堂提調	曾廣鎔	光緒廿八年		
本堂提調	三多	光緒廿八年		
教務提調	蔣式惺	光緒廿八年	光緒三十年正月	
教務提調	鄭叔忱	光緒三十年三月	光緒三十年四月	
教務提調	戴展誠	光緒三十年五月	光緒三十二年	
教務提調	金兆豐	光緒三十三年月十一	光緒三十四年十二月	
教務提調	商衍瀛	宣統元年正月	宣統三年二月	

教務幫提調	狄樓海	宣統二年正月	民國元年四月	
教務提調	江瀚	光緒三十二年正月	光緒三十三年正月	兼任
教務提調	張祖廉	光緒三十二年七月	光緒三十三年十二月	兼任
庶務提調	周景濤	光緒三十年正月	光緒三十年七月	
庶務提調	李希聖	光緒三十年十一月	光緒三十一年三月	
庶務提調	曹廣權	光緒三十一年四月	光緒三十二年三月	代理總監督
庶務提調	金梁	光緒三十二年四月	光緒三十三年七月	
庶務提調	蔡寶善	光緒三十三年十一月	光緒三十四年二月	
庶務提調	呂道象	光緒三十四年二月	光緒三十四年五月	
庶務提調	喻長霖	光緒三十四年六月	光緒三十四年十一月	
總庶務提調	劉經澤	光緒三十四年十一月	民國元年四月	
庶務幫提調	程延	宣統元年正月	民國元年四月	
會計官	黃彥鴻	光緒三十年正月	光緒三十二年	兼任
會計官	夏循坦	光緒三十二年三月	光緒三十三年八月	兼任
會計官	薛錫珍	光緒三十三年四月	光緒三十三年十月	兼任

會計官	陶壎	光緒三十三年九月	光緒三十四年十一月	兼任
會計官	雷同章	光緒三十四年二月	民國元年十二月	兼任
會計官	程延	光緒三十四年十一月	宣統二年一月	兼任
雜務官	謝鴻藻	光緒三十年正月	光緒三十年十二月	
雜務官	吳其昌	光緒三十一年三月	光緒三十二年四月	
雜務官	何棨	光緒三十一年十月	光緒三十三年四月	司賬籍
雜務官	楊錡	光緒三十二年三月	光緒三十四年四月	
雜務官	薛錫珍	光緒三十三年四月	光緒三十四年四月	
雜務官	楊致中	光緒三十三年十月	光緒三十四年二月	
雜務官	雷同章	光緒三十四年二月	光緒三十四年十一月	
雜務官	程忠諏	光緒三十四年八月	宣統元年正月	
雜務官	程延	光緒三十四年十一月	宣統二年一月	
雜務官	許奎坦	宣統元年六月	宣統三年十月	司賬籍
雜務官	夏傳瑜	宣統三年十一月	民國元年四月	
文案提調	魏允恭	光緒二十八年正月		

文案副提調	王儀通	光緒二十八年	
文案襄校	蔡寶善	光緒二十八年	
文案收掌官	秦錫純	光緒二十八年	
襄辦講堂事務	唐繼淙	光緒二十八年	
襄辦講堂事務	許鴻鈞	光緒二十八年	
支應提調	汪立元	光緒二十八年正月	
支應提調	紹英	光緒二十八年八月	
支應襄辦	楊宗稷	光緒二十八年	
雜務提調	李經楚	光緒二十八年	
雜務提調	黃璠	光緒二十八年	
齋務提調	袁勵準	光緒三十年正月	光緒三十三年九月
齋務提調	商衍瀛	光緒三十三年九月	光緒三十四年八月
齋務提調	盧兆蓉	光緒三十四年八月	宣統三年九月
總齋務提調	丁夢松	宣統三年十月	民國元年五月
文案官	黃彥鴻	光緒三十年正月	光緒三十二年四月

幫辦文案官	陳熙績	光緒三十年九月	光緒三十一年正月	
文案官	夏循坦	光緒三十二年五月	光緒三十三年八月	
文案官	陶壎	光緒三十三年九月	光緒三十四年十一月	
幫辦文案官	那清森	光緒三十二年四月	民國元年九月	
幫辦文案官	劉盥訓	宣統元年七月	宣統三年正月	
監學官	汪荀	光緒三十年	光緒三十年十一月	兼任
監學官	吳友炎	光緒三十年七月	光緒三十一年三月	
監學官	陳應忠	光緒三十年十一月	光緒三十二年四月	
監學官	殷濟	光緒三十一年三月	光緒三十二年	
監學官	施爾常	光緒三十一年三月		
監學官	魯爾斌	光緒三十二年	光緒三十三年九月	
監學官	商衍瀛	光緒三十二年正月	光緒三十三年九月	
監學官	王第祺	光緒三十三年九月	宣統元年四月	
監學官	盧兆蓉	光緒三十四年二月	光緒三十四年九月	
監學官	狄樓海	光緒三十四年九月	宣統三年二月	

監學官	朱大琠	宣統元年四月	宣統三年十二月
監學官	丁夢松	宣統二年正月	民國二年正月
監學官	陳蜚聲	宣統二年正月	民國元年四月
監學官	黃　鎮	宣統二年正月	民國元年四月
監學官	劉盥訓	宣統三年正月	民國元年四月
監學官	漆視祥	宣統三年十月	民國元年四月
檢察官	汪　荀	光緒三十年	宣統二年正月
檢察官	莊文梅	光緒三十年二月	民國元年四月
檢察官	周鉅煒	光緒三十年三月	光緒三十年七月
檢察官	范家煌	光緒三十年七月	光緒三十二年三月
檢察官	陳應忠	光緒三十年九月	光緒三十二年
檢察官	殷　濟	光緒三十年十月	光緒三十二年
檢察官	楊宗孟	光緒三十一年三月	民國元年四月
檢察官	趙葆泰	光緒三十一年七月	光緒三十四年八月
檢察官	吳繼盛	光緒三十二年	宣統三年二月

檢察官	朱彭齡	光緒三十三年十一月	民國元年四月	
檢察官	程延	光緒三十四年八月	光緒三十四年十一月	
檢察官	劉光峻	宣統二年正月	民國元年四月	
檢察官	漆視祥	宣統二年二月	宣統三年十月	
衛生官	李應泌	光緒三十年正月		兼任
衛生官	朱祥熊	光緒三十一年正月	光緒三十二年三月	
衛生官	劉富槐	光緒三十二年正月	民國元年三月	
衛生官	川田	光緒三十三年正月	光緒三十三年七月	
衛生官	雷同章	光緒三十四年七月	宣統三年十二月	
衛生官	蔣履曾	宣統二年四月	民國元年四月	
藏書樓提調	梅光羲	光緒二十八年八月		兼司博物院事
藏書樓收掌	徐廷麟	光緒三十年正月	光緒三十二年	
掌書官	陳熙績	光緒三十一年正月	民國元年十二月	
圖書器械經理官	梁展章	光緒三十一年二月	光緒三十二年十二月	
圖書館經理官	王誦熙	光緒三十二年三月	宣統三年正月	

圖書館副經理官	毛恩旭	宣統二年二月	民國元年四月	
圖書館經理官	劉綿訓	宣統二年十二月	宣統三年十月	
圖書館經理官	任鍾樹	宣統三年十一月	宣統三年十二月	
博物院提調	榮勳	光緒二十八年		
博物院管理官	徐廷麟	光緒三十年正月	光緒三十二年	兼任
博物院收掌	黃鳴球	光緒三十年九月	宣統二年九月	
博物院實習科科長	李榮黻	光緒三十年八月	光緒三十四年七月	兼任
博物院實習科科長	劉盥訓	宣統元年七月	宣統三年正月	兼任
博物院實習科副科長	邵修文	宣統元年十月	宣統三年正月	
優級師範科監督	江瀚	光緒三十二年七月	光緒三十三年正月	兼署
預備科監督	張祖廉	光緒三十二年七月	光緒三十三年十二月	兼署
大學經科監督	柯劭忞	宣統元年正月	民國元年四月	
大學法政科監督	林棨	宣統元年正月	民國元年四月	
大學文科監督	孫雄	宣統元年正月	民國元年四月	
大學醫科監督	屈永秋	宣統元年正月		

大學格致科監督	汪鳳藻	宣統元年正月	宣統三年四月
大學農科監督	羅振玉	宣統元年正月	民國元年四月
大學工科監督	何燏時	宣統元年正月	民國元年四月
格致科教務提調	王季點	宣統元年五月	民國元年四月
經文科教務提調	章梫	宣統元年五月	民國元年四月
工科教務提調	范鴻泰	宣統元年五月	民國元年四月
法商科教務提調	李盛衔	宣統二年正月	民國元年四月
經文科教務提調	譚仍裳	宣統二年六月	宣統三年十一月
教務幫提調	劉富槐	宣統三年十二月	民國元年三月
譯書局總辦	嚴復	光緒二十八年	
翻譯科總辦	曾廣銓	光緒二十八年十二月	
編書局總纂	李希聖	光緒二十八年	
編書局分纂	李稷勳	光緒二十八年	
編書局分纂	韓樸存	光緒二十八年	
編書局分纂	孫寶瑄	光緒二十八年	

職稱	姓名	任職年月	離職年月	備考
編書局分纂	羅惇曧	光緒二十八年		
編書局分纂	桂植	光緒二十八年		

二、京師大學堂各科教習一覽表（光緒二十八年至宣統三年）（圖表十七）

職稱	姓名	任職年月	離職年月	備考
總教習	吳汝綸	光緒二十八年	光緒二十九年正月	兼倫理學等科教育
副總教習	張鶴齡	光緒二十八年		東文教習
速成科正教習	嚴谷孫藏	光緒二十八年	光緒三十二年	兼授東文、萬國史
速成科正教習	服部宇之吉	光緒二十八年	光緒三十二年	經濟學、東文教習
速成科副教習	於榮三郎	光緒二十八年	光緒三十年三月	物理算學教習
速成科副教習	太田達人	光緒二十八年	光緒三十二年	
漢文教習	楊道霖	光緒二十八年		兼經學科教習
漢文教習	王舟瑤	光緒二十八年		兼史學教習
漢文教習	屠寄	光緒二十八年		

國文教習	林傳甲	光緒三十年五月	光緒三十二年
國文教習	楊昭楷	光緒三十一年八月	光緒三十二年
國文教習	郭立山	光緒三十一年十月	宣統元年十二月
國文教習	錢葆青	光緒三十二年四月	光緒三十四年二月
國文教習	劉焜	光緒三十二年五月	光緒三十四年十二月
國文教習	桂邦傑	光緒三十三年三月	宣統元年十二月
英文教習	文廉	光緒二十八年	
英文教習	李應泌	光緒二十九年三月	宣統元年十二月 兼衛生官
英文教習	柏銳	光緒二十九年四月	
英文教習	楊書雯	光緒三十年二月	光緒三十四年十二月
英文教習	魏易	光緒三十年七月	光緒三十四年十二月
英文教習	曾宗鞏	光緒三十年七月	光緒三十四年十二月
英文教習	黃鳴球	光緒三十年九月	宣統元年十二月
英文教習	全森	光緒三十一年正月	光緒三十二年
英文助教	梁展章	光緒三十一年二月	光緒三十三年三月

英文教習	聶克遜	光緒三十一年三月	光緒三十四年十二月	
英文教習	安特魯斯	光緒三十一年三月	宣統元年十二月	
英文教習	古吉爾	光緒三十一年十月	光緒三十三年正月	
英文教習	陳槐	光緒三十三年正月	光緒三十四年十二月	
英文教習	李方	光緒三十三年三月	宣統元年十二月	
英文教習	宋發祥	光緒三十三年十一月	宣統元年十二月	兼授化學地質礦物等科
英文教習	安特遜路德	宣統元年四月		
法文教習	郭家驥	光緒二十八年		
法文教習	莊尹思		光緒三十年	
法文教習	周傳經	光緒三十年正月	光緒三十三年九月	
法文教習	何世昌	光緒三十年正月	光緒三十一年二月	
法文教習	賈士霖	光緒三十一年七月	宣統元年正月	
法文教習	李家瑞	光緒三十一年九月	光緒三十二年五月	
法文教習	鐸孟	光緒三十二年三月	宣統元年正月	
法文教習	方傳欽	光緒三十三年三月	光緒三十四年十二月	

法文教習	文惠	光緒三十三年十月	光緒三十三年十月	
德文教習	汪昭晟	光緒三十年三月	光緒三十四年十二月	
德文教習	師德、威	光緒三十年三月	光緒三十一年七月	
德文教習	沈德來	光緒三十一年正月	光緒三十二年五月	
德文教習	唐德萱	光緒三十一年二月	宣統元年三月	
德文教習	薛錫成	光緒三十一年九月	宣統元年十二月	
德文教習	貝哈格	光緒三十三年正月	光緒三十四年十二月	
德文教習	凱貝爾	光緒三十三年正月	宣統元年二月	
德文教習	顧澄	光緒三十三年十月	光緒三十四年十二月	兼算學教習
德文教習	王燕晉	宣統元年閏二月	宣統元年十二月	
德文教習	艾克坦	宣統元年六月	宣統元年十二月	
東文教習	胡宗瀛	光緒二十八年	光緒三十二年	兼授植物礦物農學
東文教習	陸宗輿	光緒二十八年	光緒三十年三月	
東文教習	呂烈煇	光緒二十八年	光緒二十三年正月	兼授論理心理學
東文教習	服部宇之吉	光緒三十年正月	光緒三十四年十二月	兼授論理心理學

東文教習	鈴木信太郎	光緒三十年正月	光緒三十二年四月	
東文教習	高橋勇	光緒三十年正月	光緒三十四年十二月	兼授圖畫
東文教習	江紹銓	光緒三十年正月	光緒三十四年十二月	兼授世界史倫理外國地理代數幾何等科
東文教習	西村熊二	光緒三十年五月	光緒三十年五月	兼授化學
東文教習	劉麟	光緒三十年七月	光緒三十一年八月	兼授動物生理學
東文教習	氏家謙曹	光緒三十年七月	光緒三十年七月	兼授物理數學
東文教習	坂本健一	光緒三十年七月	光緒三十四年十二月	兼授世界史外國地理
東文教習	盧紹鴻	光緒三十年七月	光緒三十四年十二月	兼授圖畫工藝
東文教習	周培炳	光緒三十三年八月	光緒三十三年八月	兼授化學
東文教習	矢部吉楨	光緒三十年八月	光緒三十四年十二月	兼授植物學
東文教習	桑野久任	光緒三十年九月	光緒三十四年十二月	兼授動物學
東文教習	吳榮誾	光緒三十三年二月	光緒三十三年二月	兼授物理學
東文教習	法貴慶次郎	光緒三十四年十二月	光緒三十四年十二月	兼授倫理學
東文教習	馮模	光緒三十一年八月	光緒三十四年十二月	兼授動物生理學
東文教習	王宰善	光緒三十一年八月	光緒三十四年十二月	兼授化學

東文教習	土田兎司造	光緒三十一年九月	宣統元年五月	製造標本處助手
東文教習	森岡柳藏	光緒三十一年十月	光緒三十三年九月	圖書標本處助手
東文教習	程家檉	光緒三十二年三月	光緒三十三年十一月	
東文教習	王季點	光緒三十二年七月	光緒三十四年十二月	
東文教習	王學來	光緒三十二年八月	光緒三十四年十二月	
東文教習	呂烈煌	光緒三十三年二月	光緒三十四年六月	
東文教習	陳榥	光緒三十三年正月	光緒三十三年十二月	
東文教習	廖世綸	光緒三十三年八月	光緒三十四年十二月	
東文教習	何燏時	光緒三十四年正月	光緒三十四年十二月	
東文教習	仕允	光緒三十四年正月	光緒三十四年八月	
東文教習	路孝植	光緒三十三年二月	光緒三十四年十二月	兼授農學
東文教習	芝本爲一郎	光緒三十三年正月	光緒三十四年十二月	兼授工藝
俄文教習	謙光		光緒二十九年七月	
俄文教習	周寶臣	光緒二十八年	光緒三十二年	
俄文教習	魏雅廷	光緒三十年三月	光緒三十二年三月	

經學教習	饒檑齡	光緒三十年七月	宣統元年十二月
經學教習	孫文昺	光緒三十一年九月	光緒三十二年
經學教習	林紓	光緒三十二年八月	宣統元年十二月
經學教習	陳衍	光緒三十三年四月	光緒三十四年十二月
史學教習	馮巽占	光緒三十一年三月	光緒三十四年十二月
史學教習	李稷勳	光緒三十一年七月	光緒三十三年正月
史學教習	汪鎬基	光緒三十二年	
史學教習	陳黻宸	光緒三十二年五月	
史學教習	李凝	光緒三十四年三月	宣統元年二月
史學教習	譚紹裳	光緒三十四年十一月	
法政教習	陸世芬	光緒三十二年	
法制教習	王鴻年	光緒三十二年二月	光緒三十三年十一月
法制教習	陸定	光緒三十三年十一月	光緒三十四年十二月
算學教習	胡玉麟	光緒二十八年	光緒三十年三月
算學教習	席淦	光緒二十八年	

算學教習	何育杰	宣統元年正月	宣統元年三月
輿地教習	譚紹裳	光緒三十二年	宣統元年十二月
輿地教習	桂邦傑	光緒三十三年三月	宣統元年十二月
體操教習	劉光謙	光緒二十八年	
體操教習	于秉良	光緒三十年正月	光緒三十年正月、
體操教習	巴第尼	光緒三十年二月	光緒三十年七月
體操教習	樊得寬	光緒三十一年三月	光緒三十二年正月
體操教習	丁啓盛	光緒三十一年三月	宣統元年十二月
體操教習	台樹仁	光緒三十二年正月	宣統元年五月
體操教習	紀樂樹	宣統元年閏二月	宣統元年九月
兵學教習	華振基	光緒三十年八月	光緒三十年十月
兵學教習	張孝準	光緒三十年十一月	光緒三十一年三月
測繪教習	鄒代鐸	光緒三十二年	
圖畫教習	譚應麟	宣統元年二月	宣統元年十二月
理化教習	艾克坦	宣統元年九月	宣統元年十二月

衛生學教習	王舟瑤	光緒二十九年十一月	
衛生學教習	謝天保	光緒三十四年正月	
衛生學教習	陳家盛		
博物實習科教習	野田昇平	光緒三十三年九月	宣統二年十二月
博物實習科教習	永野慶次郎	光緒三十三年九月	宣統二年十二月
博物實習科教習	葉山	光緒三十四年三月	宣統元年五月
博物實習科教習	來海	宣統元年二月	宣統元年五月
博物實習科教習	松井藤吉	宣統二年正月	宣統二年十二月
博物實習科教習	杉野章	宣統二年正月	宣統二年十二月
經文科教習	桂邦傑	宣統二年正月	民國六年正月
經文科教習	林紓	宣統二年正月	民國二年三月
經文科教習	郭立山	宣統二年正月	民國元年四月
經文科教習	饒櫄齡	宣統二年正月	民國元年十月
經文科教習	江瀚	宣統二年正月	宣統二年六月
經文科教習	陳衍	宣統二年正月	民國元年十二月

經文科教習	胡玉縉	宣統二年正月	民國四年四月
經文科教習	馬其昶	宣統二年正月	宣統二年三月
經文科教習	姚永樸	宣統二年正月	民國六年三月
經文科教習	夏震武	宣統二年正月	宣統三年九月
經文科教習	高毓彤	宣統二年三月	民國元年八月
經文科教習	黃爲基	宣統二年七月	民國元年四月
經文科教習	左樹珍	宣統三年二月	宣統三年十一月
經文科教習	胡宗瀛	宣統三年四月	民國元年四月
經科教習	宋育仁	宣統二年七月	民國元年四月
經科教習	淳于鴻恩	宣統二年九月	民國元年七月
理工科教習	顧澄	宣統二年正月	宣統三年二月
理工科教習	梭爾格	宣統二年正月	民國二年二月
理工科教習	士爾瓦	宣統二年正月	宣統二年十二月
理工科教習	陳槐	宣統二年三月	宣統二年五月
理工科教習	米婁	宣統二年三月	民國三年十二月

理工科教習	勁博爾	宣統二年四月	宣統二年十二月
理工科教習	惠文	宣統二年四月	宣統二年九月
理工科教習	秦岱源	宣統二年七月	宣統二年十一月
理工科教習	何伯德	宣統二年九月	宣統三年二月
理工科教習	陳祖良	宣統二年十月	宣統三年五月
理工科教習	高樸	宣統三年二月	民國二年四月
理工科教習	龍訥庚	宣統三年二月	民國六年四月
理工科教習	貝開爾	宣統三年五月	民國二年二月
理工科教習	陳煥賚	宣統三年七月	宣統三年八月
法政科教習	王家駒	宣統二年正月	民國二年六月
法政科教習	程樹德	宣統二年正月	民國元年四月
法政科教習	芬來森	宣統二年正月	民國六年九月
法政科教習	李方	宣統二年正月	
法政科教習	王基盤	宣統二年二月	民國元年四月
法政科教習	陳籙	宣統二年二月	宣統三年四月

法政科教習	沈觀扆	宣統二年二月	宣統二年九月
法政科教習	岡田朝太郎	宣統二年三月	民國四年七月
法政科教習	白業棣	宣統二年三月	民國元年四月
法政科教習	博德斯	宣統二年四月	民國二年六月
法政科教習	震鋆	宣統二年七月	宣統二年十一月
法政科教習	科拔	宣統二年十月	民國元年十二月
法政科教習	王寶田	宣統二年十二月	宣統三年四月
法政科教習	徐思允	宣統三年二月	民國元年八月
法政科教習	嵇鏡	宣統二年四月	民國元年四月
法政科教習	巴和	宣統三年四月	民國六年六月
農科教習	籐田豐八	宣統元年十二月	宣統三年二月
農科教習	橘義一	宣統元年十二月	民國元年十月
農科教習	小野孝太郎	宣統元年十二月	民國二年五月
農科教習	三宅市郎	宣統二年八月	民國三年正月
農科教習	毛鷟	宣統三年閏六月	宣統三年十一月

農科教習	章鴻釗	宣統三年十月	民國元年四月
商科教習	陸夢熊	宣統二年正月	民國元年六月
商科教習	楊德森	宣統二年正月	宣統三年十二月
商科教習	切田太郎	宣統元年二月	宣統二年十二月
商科教習	吳乃琛	宣統三年三月	民國元年四月
附屬小學教員	王誦熙	光緒三十年正月	宣統三年正月
附屬小學教員	王廷珪	光緒三十二年二月	光緒三十四年七月
附屬小學教員	鄒應蕙	光緒三十三年二月	光緒三十四年正月
附屬小學教員	王松壽	光緒三十三年二月	光緒三十三年三月
附屬小學教員	李榮檝	光緒三十三年八月	宣統元年五月

三、京師大學堂師範科第一次畢業獎勵學生一覽表（圖表十八）

姓名	字號	籍貫	年齡	入學資格	類別	科別	畢業成績	等第
廖道傳	叔度	廣東嘉應	三十	舉人	第二類	英文	八十八分八釐三毫	最優等

顧德保	伯文	直隸宛平	二十四	優附生	第一類	德文	八十七分五釐八毫	最優等（補考）
王松壽	元甫	浙江山陰	二十三	監生	第三類	法文	八十五分五釐四毫	最優等
吳鼎新	在民 芳濟	廣東開平	二十八	附生	第四類	英文	八十五分零五毫	最優等
孫昌烜	君夔	江蘇崇明	三十三	附生	第一類	法文	八十四分八釐八毫	最優等
于洪起	範亭	山東棲霞	三十	廩膳生	第四類	德文	八十四分二釐七毫	最優等
蕭承弼	右卿	山東長清	三十三	增生	第三類	德文	八十四分二釐一毫	最優等
顧宗裘	治仲	江蘇新陽	三十二	增生	第三類	英文	八十三分六釐一毫	最優等
戴丹誠	君堯	湖南武陵	三十三	廩貢生	第三類	英文	八十三分四釐三毫	最優等
關翰昭	光宇	廣東開平	三十一	廩生	第四類	英文	八十三分一釐六毫	最優等
李登選	明齋	山東海陽	二十九	附生	第三類	德文	八十二分三釐二毫	最優等
關慶麟	吉符	廣東南海	二十八	優廩生	第二類	英文	八十二分一釐九毫	最優等
李榮黻	詠霓	安徽婺源	二十九	監生	第一類	法文	八十二分零八毫	最優等
吳景濂	蓮伯	漢軍正黃旗	三十四	副榜	第二類	英文	八十分九釐二毫	最優等
封汝謂	士一	直隸交河	二十六	廩膳生	第四類	英文	八十分八釐八毫	最優等
劉式訓	聰彝	直隸天津	二十八	監生	第三類	英文	八十分一釐九毫	最優等

鄒應蕙	樹文	江蘇吳縣	二十二	監生	第三類	英文	八十分一釐	最優等
韓述祖	志勤	直隸宛平	二十二	監生	第一類	英文	八十四分六釐六毫	優（降等）等
由雲龍	夔舉	雲南姚州	二十九	舉人	第四類	英文		優（降等）等
鮑誠毅	季笙	江蘇東台	二十六	附生	第一類	英文	八十三分五釐四毫	優（降等）等
李恩藻	鹿一	江蘇丹徒	二十八	優增生	第一類	英文	八十三分零七毫	優（降等）等
胡汝麟	石青	河南通許	二十四	附生	第一類	英文	八十一分九釐六毫	優（降等）等
謝運騏	石生	四川萬縣	二十二	附生	第四類	英文	八十一分八釐三毫	優（降等）等
梁兆璜	渭占	直隸安州	二十九	附生	第四類	俄文	八十一分一釐四毫	優（降等）等
程祖彝	吉宣	廣東南海	二十四	附貢生	第一類	英文	八十分九釐五毫	優（降等）等
潘　敬	臣止	廣東南海	二十一	文童	第一類		八十分九釐一毫	優（降等）等
段廷珪	碧江	湖南興寧	二十九	附生	第二類	英文	七十九分七釐二毫	優等
杜福堃	藹怡	浙江山陰	二十五	監生	第三類	法文	七十九分三釐八毫	優等
王榮官	硯芬	江蘇東台	二十二	附生	第一類	德文	七十九分三釐六毫	優等
黃尚毅	仲生	四川綿竹	二十七	舉人	第二類	英文	七十九分三釐二毫	優等
吳燮梅	鶴川	廣東開平	二十八	優廩生	第四類	英文	七十九分零一毫	優等

祁　傑	幹南	廣東東莞	二十八	優廩生	第四類	英文	七十八分七釐六毫	優等
葉開寅	亮臣	湖北大冶	三十	優廩貢生	第二類	英文	七十八分五釐五毫	優等
陳伯鷴	禮群	廣東新會	二十六	文童	第二類	英文	七十八分零四毫	優等
楊錕鋙	劍峯	直隸大興	二十二	附生	第四類	英文	七十八分零四毫	優等
王廷珪	季瞻	直隸吳橋	三十三	廩生	第三類	英文	七十七分九釐九毫	優等
孫鼎烜	君夔	江蘇崇明	二十五	附生	第一類	法文	七十七分九釐七毫	優等
曹　晁	競生	廣東番禺	二十八	附生	第一類	英文	七十七分八釐七毫	優等
王澤闓	慄亭	山西趙城	二十九	舉人	第三類	英文	七十七分七釐六毫	優等
胡祥麟	子賢	廣東順德	三十三	監生	第二類	英文	七十七分七釐二毫	優等
劉盥訓	孚伯	山西猗氏	二十八	優廩生	第三類	英文	七十七分六釐五毫	優等
余敏時	蓀齊	浙江義烏	二十七	附生	第四類	東文法文	七十七分五釐八毫	優等
盧崇恩	譽門	廣東東莞	四十	優增生	第二類	英文	七十七分五釐七毫	優等
田士懿	悳宸	山東高唐	三十一	舉人	第二類	法文	七十七分五釐一毫	優等
瞿士勛	晁垓	江蘇清江	二十八	優廩生	第三類	英文	七十七分五釐	優等
向同鏊	葆生	湖南黔陽	二十六	優廩生	第二類	法文	七十七分一釐三毫	優等

念梅蔭	雪廬	山東堂邑	三十	優廩生	第三類	英文	七十六分七釐	優等
丁嘉乃	頂麈	浙江山蔭	三十二	監生	第二類	英文	七十六分四釐五毫	優等
柯璜	定礎	浙江黃巖	二十九	附生	第四類	英文	七十六分四釐三毫	優等
胡璧城	夔文	安徽涇縣	三十三	舉人	第二類	英文	七十五分七釐九毫	優等
何焱森	伯述	廣東三水	三十	優貢生	第一類	英文	七十五分三釐五毫	優等
時經訓	志畬	河南通許	二十九	拔貢	第二類	英文	七十五分三釐一毫	優等
姚雲	龍枚	江蘇清江	三十三	附生	第二類	德文	七十五分零六毫	優等
高續頤	豫軒	直隸大興	三十二	監生	第一類	法文	七十四分八釐一毫	優等
盧榮光	銘鼎	江西新昌	二十七	優廩生	第二類	英文	七十四分五釐七毫	優等
倫鑑	淡如	廣東東莞	二十七	監生	第四類	英文	七十四分三釐三毫	優等
李慶明	新吾	直隸祁州	三十三	廩生	第三類	法文	七十四分八釐	優等
賀同慶	善餘	江蘇丹陽	三十二	優廩生	第三類	英文	七十三分四釐三毫	優等
陳嗣光	淑言	山東蓬萊	二十六	監生	第四類	德文	七十二分七釐五毫	優等
阮志道	英士	江蘇奉賢	二十三	附生	第一類	英文	七十二分七釐	優等
黃甫衣	靜亭	安徽壽州	二十九	附生	第三類	英文	七十二分五釐九毫	優等

增　普	益堂	蒙古正黃旗	三十	增生	第二類	英文	七十一分五釐一毫	優等
董鳳華	希同	直隸吳橋	二十六	附生	第三類	英文	七十一分一釐五毫	優等
王世儁	秀臣	山東海陽	二十五	增生	第二類	德文	七十分二釐二毫	優等
貴　恒	月嶠	盛京鑲黃旗	三十	副榜	第四類	俄文	八十分一釐三毫	優等
顧德馨	子僭	直隸宛平	二十二	附生	第一類	法文	七十六分九釐一毫	優等
姚梓芳	君懿	廣東揭陽	三十六	優廩貢生	第四類	英文	七十八分四釐	優等
張達琮	碩瑜	廣東開平	三十六	拔貢生	第二類	英文	七十四分五釐五毫	優等
鄒大鏞	東閣	奉天遼陽	三十二	副貢生	第三類	俄文	七十三分八釐一毫	優等
張　灝	復先	直隸獻縣	二十五	附生	第三類	英文	七十九分二釐七毫	優等
朱兆莘	鼎馨	廣東花縣	二十七	廩貢生	第一類	英文	七十九分一釐一毫	優等
陳繼鵬		湖南	二十五	監生			七十四分三釐二毫	優等
曾載幬	劭先	湖南湘鄉	二十九	世襲雲騎尉	第二類	法文	七十六分九釐一毫	中等
張熙敬	止庵	直隸通州	二十五	廩生	第二類	英文	七十三分六釐四毫	中等
朱廷佐	幼溥 石扶	湖北黃岡	二十六	附生	第三類	英文	六十九分九釐二毫	中等
丁竹霖	小川	直隸遵化	三十一	增生	第二類	英文	六十九分三釐八毫	中等

張東烈	子輝	江蘇泰興	三十八	廩貢生	第三類	東文英文	六十九分三釐三毫	中等
廣源	伯泉	漢軍鑲紅旗	二十八	附生	第二類	東文俄文	六十九分	中等
張伯欽	敬亭	安徽亳州	三十	附貢生	第四類	英文	六十八分九釐七毫	中等
張鉅源	子揚	湖南郴州	三十二	附生	第二類	德文	六十八分一釐六毫	中等
卓燡	月槎	四川華陽	二十八	監生	第一類	英文	六十八分一釐六毫	中等
周爾璧	繼白	江西新淦	三十四	優貢生	第二類	英文	六十六分一釐二毫	中等
孫鴻烜	于逵	江蘇崇明	二十四	監生	第四類	俄文	六十四分六釐二毫	中等
松照	月波	蒙古鑲白旗	三十六	附生	第二類	俄文	六十四分五釐二毫	中等
朱應奎	績臣	江蘇宜興	二十四	監生	第二類	德文	六十三分一釐	中等
呂志貞	吉堂	安徽宣城	二十九	附生	第三類	英文	六十二分二釐	中等
伍作楫	桂軒	湖南新化	三十	監生	第三類	法文	六十一分八釐八毫	中等
顧大徵	鼎秋	直隸宛平	二十一	監生	第一類	英文	六十七分二釐五毫	中等
陳鏻	毅山	福建閩縣	四十九	監生	第三類	英文	六十七分三毫	中等
劉湛霖		湖南善化	二十七	監生	第一類	俄文英文	六十六分六釐三毫	中等

四、京師大學堂師範科第二次畢業獎勵學生一覽表(圖表十九)

姓名	字號	籍貫	年齡	入學資格	類別	科別	畢業成績	等第
張鴻翼	君翔	雲南保山	二十三	附生	第四類	東文英文	八十六分五釐八毫	最優等
許維翰	墨緣	廣東開平	二十七	附生	第三類	東文英文	八十六分五釐二毫	最優等
海清		盛京鑲藍旗	二十八	附生			八十五分二釐	最優等
史鼐	丞棻	江蘇江陰	二十八	廩生	第二類	英文東文	八十四分七釐五毫	最優等
周瑞琦	樗生	廣西靈川	二十八	監生	第四類	東文英文	八十三分二釐	最優等
毛鸞	文鳴	江西上饒	三十二	舉人	第四類	東文英文	八十三分一釐九毫	最優等
唐仰櫰	柯三	山東鄒縣	二十九	附貢生	第三類	英文東文	八十二分八釐	最優等
張秀升	書珊	山西臨汾	三十	增生	第三類	東文英文	八十二分七釐一毫	最優等
田尙志	海澄	湖南龍山	三十五	廩生	第二類	英文	八十一分九釐三毫	最優等
陳興廉	漱泉	雲南昆明	二十六	副貢生	第二類	東文英文	八十一分四釐四毫	最優等
俞鍾斑	搢方	江蘇新陽	二十七	附生	第三類		八十一分三釐九毫	最優等
宋鳳純	憲文	盛京晉旗	二十七	附生	第三類	東文英文	八十一分三釐三毫	最優等

吳彤錫	積乘	江蘇元和	三十一	附生	第三類	英文	八十一分三釐一毫	最優等
吳沂	溥泉	安徽太平	三十八	附生	第三類	英文東文	八十一分零九毫	最優等
王鳳昌	翰屏	湖南寧鄉	三十一	優廩生	第三類	英文東文	八十一分零三毫	最優等
高培元	啓貞	四川梓潼	三十六	廩生	第三類	英文東文	八十分六釐九毫	最優等
劉宗向	瀛仙	湖南寧鄉	二十九	優廩生	第二類	英文東文	八十分六釐五毫	最優等
石山僩	棐周	湖北黃梅	三十三	廩貢生	第三類	英文東文	八十分六釐一毫	最優等
史樹璋	奉如	直隸獻縣	二十五	附生	第三類	英文東文	八十分零三釐	最優等
楊協元	鶴甫	貴州普定	二十七	附生	第三類	英文東文	八十分一釐五毫	最優等
張士麟	希菴	雲南建水	三十五	舉人	第三類	英文東文	八十分零八毫	最優等
裴學曾	尼臣	陝西神木	三十二	優廩生	第一類	英文東文	八十三分四釐六毫	因中國文學主課不滿七十分降優等
張景江	鏡海	江西弋陽	三十一	廩生	第四類	英文東文	八十二分四釐六毫	因動物植物地學三門主課不滿七十分降優等
張厚璋	德孫	直隸南皮	二十六	附生	第三類	英文	八十二分四釐五毫	因算學主課不滿七十分降優等
趙晉汾	禹梁	湖北黃岡	二十九	舉人	第四類		八十一分七釐	因動物植物農學三門主課均不滿七十分降優等
高元溥		盛京鑲白旗	二十三	文童			八十一分五釐三毫	因動物學主課不滿七十分降優等
金兆棪	仲蓀	浙江金華	二十七	附生	第四類	英文東文	八十一分二釐二毫	因動植物學兩門主課不滿七十分降優等

魏紹周	繩武	奉天義州	三十二	附生	第一類	東文英文	八十一分一釐八毫	因中國文學主課不滿七十分降優等
蔡錫保	松吾	四川西陽	二十九	附生	第一類		八十分五釐六毫	因中國文學主課不滿七十分降優等
齊文書	守郎	直隸高陽	三十五	附生	第三類	英文	八十分五釐二毫	因算學主課不滿七十分降優等
辛際周	祥雲	江西萬載	二十五	舉人	第一類	英文	八十分四釐四毫	因中國文學主課不滿七十分降優等
吳簡	友梅	江蘇武進	三十一	附生	第二類	英文	七十九分七釐九毫	優等
李曰垓	子暢	雲南騰越	二十六	文童	第一類	東文英文	七十九分六釐九毫	優等
毛齊煥	曉湛	福建閩清	二十八	廩貢生	第三類	英文	七十九分六釐八毫	優等
沈宗元	與曰	四川長寧	二十四	舉人	第一類	英文	七十九分五釐三毫	優等
王希曾	楨甫	江蘇丹徒	三十	文童	第三類	東文英文	七十九分四釐六毫	優等
李九華	襄綸	直隸蠡縣	三十	舉人	第三類	東文英文	七十八分九釐九毫	優等
符定一	宇澄	湖南衡山	二十七	監生	第一類	英文	七十八分九釐四毫	優等
王恩第	擢元	直隸玉田	二十六	附生	第三類	東文英文	七十八分八釐一毫	優等
劉福祥	錫侯	江蘇昭文	三十四	優廩生	第三類	東文英文	七十八分八釐一毫	優等
桂汝劼	默辛	湖北蘄州	二十八	附生	第一類	英文	七十八分七釐七毫	優等
陸海望	水範	浙江餘姚	二十九	附生	第三類	東文英文	七十八分七釐一毫	優等

金光斗	子衡	湖北襄陽	二十四	附生	第一類	東文英文	七十八分七釐	優等
蕭秉廉	潔臣	四川洪雅	二十三	文童	第三類	英文理化	七十八分六釐四毫	優等
王多輔	德溥	安徽太平	三十一	附生	第三類	英文	七十八分五釐七毫	優等
蔣學清	渭皋	新疆昌吉	二十九	優貢	第一類	英文	七十八分四釐六毫	優等
繆承金	篘笙	江蘇六合	三十三	附生	第三類	東文英文	七十八分二釐三毫	優等
陳與椿	心莊	福建閩縣	三十一	附生	第一類	英文	七十八分一釐五毫	優等
梅鎮涵	子來	貴州銅仁	三十九	廩生	第二類	英文	七十八分零五毫	優等
祝廷棻	召薪	河南固始	二十六	附生	第三類	英文	七十八分零一毫	優等
吳奎璧	子群 子循	湖北黃岡	二十九	優廩生	第四類		七十七分九釐八毫	優等
維堃	守謙	漢軍晉旗	二十二	恩監生	第三類		七十七分九釐二毫	優等
錢瑗	斅遜	貴州貴筑	二十七	舉人	第二類		七十七分九釐	優等
程兆元	惕之	湖北天門	二十七	附生	第四類		七十七分八釐一毫	優等
劉彬	秉文	浙江錢塘	二十七	附生	第三類	東文英文	七十七分七釐九毫	優等
邢麒	志千	湖北黃梅	三十	附生	第四類	東文英文	七十七分七釐七毫	優等
馬其則	閑逋	安徽廬江	三十一	文童	第一類	英文	七十七分五釐八毫	優等

張鑑烱	仲瑩	河南盧氏	二十八	舉人	第二類	東文英文	七十七分四釐五毫	優等
黃文濬	喆甡	直隸天津	三十二	附生	第一類	英文	七十七分三釐	優等
王念劬		浙江	三十二	舉人			七十七分二釐五毫	優等
孫夔	紹良	安徽宣城	二十九	附生	第三類	東文英文	七十七分一釐五毫	優等
金聲	振華	滿州鑲藍旗	二十二	恩監生	第二類		七十七分一釐三毫	優等
楊士京	薦衫	江西都昌	三十二	廩生	第二類		七十六分九釐	優等
李連炳	蔚堂	山東長清	三十	廩貢生	第四類	英文	七十六分七釐七毫	優等
李棠	碩珊	江西南昌	三十二	附生	第四類	東文英文	七十六分七釐五毫	優等
譚崇光	崧岳	廣東東莞	二十九	監生	第三類	東文英文	七十六分四釐九毫	優等
方敦素	知白	貴州普定	二十九	附生	第一類	英文	七十六分四釐六毫	優等
洪百庚	鏡西	江蘇山陽	三十三	監生	第三類	英文東文	七十六分二釐一毫	優等
段吉常	紫綸	湖北宣恩	三十	附生	第四類		七十六分零二毫	優等
施文垚	矢丁	湖南善化	二十八	監生	第一類	英文	七十五分六釐一毫	優等
章擷華	紱雲	江蘇江陰	三十一	貢生	第二類	英文	七十五分四釐三毫	優等
方元庚	仲盤	安徽太平	二十五	附生	第三類	東文英文	七十五分三釐六毫	優等

錢雲鵬	雨耕	浙江錢塘	二十一	附生	第一類		七十五分零三毫	優等
王光烈		奉天	二十九	附生			七十四分九釐	優等
陳昭卓		直隸玉田	三十	附生	第一類	英文	七十四分九釐	優等
曾楚珩	滙川	湖南新化	二十五	附生	第一類	英文	七十四分四釐八毫	優等
周清	又山	浙江山陰	三十	附生	第四類	英文	七十四分四釐	優等
鄭萬瞻	芸渠	湖北歸州	二十八	附生	第二類	英文	七十四分二釐三毫	優等
張治	體軒	山西絳州	三十一	廩生	第一類	東文英文	七十四分一釐一毫	優等
高茂楙	薌巖	山東濰縣	二十七	文童	第一類	英文	七十四分零八毫	優等
周蔚生	君邁	江西奉新	二十九	舉人	第三類	英文	七十三分五釐五毫	優等
胡光璧	韻珊	直隸昌黎	二十七	附生	第三類	東文英文	七十三分二釐六毫	優等
隆彬	煥璘	滿州正白旗	二十七	恩監生	第一類		七十三分零六毫	優等
張國琛	獻廷	奉天新民	二十九	文童	第四類	東文英文	七十二分六釐	優等
段世徽	愼五	江西永新	二十六	附貢生	第二類	德文	七十二分二釐二毫	優等
馬汝來	伯嚴	四川成都	二十六	文童	第一類	英文	七十二分零九毫	優等
周明珂	芷佩	湖南武陵	三十二	文童	第四類	東文英文	七十一分四釐二毫	優等

周錫齡	惠澄	廣東潮陽	二十七	監生	第三類	英文	七十一分四釐	優等
宗室鋕啓	闇鈐	鑲紅旗第三族	二十二	宗室	第四類		七十一分零五毫	優等
葉浩章	逸俊	廣東東莞	二十六	文童	第四類	英文	七十分九釐	優等
時經詮	勤敷	河南通許	二十四	監生	第三類	英文	七十分五釐四毫	優等
朱崚嶒	晴峰	湖南衡山	二十九	文童	第一類	英文	七十分四釐九毫	優等
邱志岳	矢軍 東吾	湖北黃陂	二十九	附生	第二類	東文 英文	七十分三釐八毫	優等
錢詩楨	復三	江蘇鎮洋	三十一	廩貢生	第一類		七十分零七毫	優等
陶樂甄	瑜岑	河南尉氏	三十	廩生	第四類	東文 英文	八十二分五釐二毫	因主課動物學動物實驗不及六十分改降優等
王燕晉	越岑	山東寧州	三十二	優增生	第二類	德文	七十七分八釐五毫	優等
方觀洛	景伊	江蘇儀徵	三十六	廩貢生	第一類	英文	七十四分八釐九毫	優等
何廣榮	煥廷	奉天正黃旗	三十	附生	第二類	東文 英文	七十一分九釐	優等
葆謙	伯益	滿州鑲紅旗	二十五	附生	第四類	英文	八十二分	因動物學不滿六十分降中等
鍾頌良	俶番	廣東番禺	二十八	監生	第四類	英文	八十分一釐三毫	因動物學不滿六十分降中等
馮學壹	季銘	浙江會稽	二十五	文童	第一類	英文	七十九分八釐九毫	因中國文學不滿六十分降中等
李興勇	煥春	湖北江夏	二十五	附生	第四類		七十九分二釐八毫	因動物學不滿六十分降中等

陸鎣	廣侯	浙江桐鄉	三十二	監生	第四類		七十八分五釐七毫	因動物學不滿六十分降中等
文啓燊	湘芷	湖南醴陵	三十	增生	第三類	英文 理化	七十七分九釐八毫	因算學不滿六十分降中等
宗室鍾啓	毓峰	鑲紅旗第三族	二十七	恩監	第四類		七十七分八釐三毫	因動物學不滿六十分降中等
張國棣	鄂廔	直隸雄縣	三十六	優廩生	第三類	英文	七十七分五釐	因算學不滿六十分降中等
丁其彥	碩夫	雲南楚雄	二十七	廩生	第四類	英文	七十七分四釐三毫	因動物學不滿六十分降中等
吳大澈		貴州	二十四	附生			七十七分三釐一毫	因動物學不滿六十分降中等
孫光宇	曦臣	安徽宣城	三十	增生	第四類	東文 英文	七十七分一釐四毫	因動物學不滿六十分降中等
易國馨	仲芳	湖北隨州	二十九	附生	第四類		七十六分八釐五毫	因動植物兩門不滿六十分降中等
宗俊琦	伯坪	直隸任邱	二十八	附生	第一類	英文	七十六分八釐二毫	因外國文學不滿六十分降中等
周揚峻	叔耘	湖南湘潭	三十一	廩生	第一類	英文	七十六分七釐七毫	因動植物兩門不滿六十分降中等
柯興耀	聯珠	漢軍鑲藍旗	二十六		第四類		七十六分六釐	因動物學不滿六十分降中等
王葆初	子性	浙江金華	三十三	舉人	第三類	東文 英文	七十六分五釐三毫	因算學不滿六十分降中等
何師富	弼仁	漢軍鑲紅旗	二十五	監生	第二類	東文	七十六分四釐七毫	因地學不滿六十分降中等
張啓聰	曉東	湖北房縣	三十	增生	第四類		七十六分二釐一毫	因動物學不滿六十分降中等
徐鍾潘	少卿	貴州銅仁	二十七	廩生	第四類	英文	七十五分九釐四毫	因動物學不滿六十分降中等

王之棟	楠伯	奉天綏中	二十六	附生	第四類	英文	七十五分七釐八毫	因動物學不滿六十分降中等
張鼎治	偉人	江蘇崇明	三十一	廩生	第四類	理化	七十五分七釐六毫	因植物學不滿六十分降中等
解名發	育初	山東濰縣	二十九	監生	第三類	英文	七十五分六釐八毫	因算學不滿六十分降中等
楊緒昌	承三	江西南昌	三十二	優廩生	第四類		七十五分零五釐	因植物學不滿六十分降中等
湯葆元	小春	湖南醴陵	三十四	廩生	第三類	英文 理化	七十五分二釐九毫	因算學不滿六十分降中等
郁振域	梅閣	江蘇鎮洋	二十六	廩生	第四類	英文	七十五分二釐二毫	因植物學不滿六十分降中等
淵從極	龍門	陝西蒲城	三十七	廩貢生	第四類	東文 英文	七十五分零三毫	因動物地學不滿六十分降中等
唐春鎏	衡古	湖北歸州	二十九	附生	第四類		七十五分零三毫	因動物學不滿六十分降中等
管望清	綫白	浙江黃岩	三十	附生	第四類	東文 英文	七十四分九釐一毫	因動物學不滿六十分降中等
鄒學伊	莘任	湖南新化	三十三	監生	第四類	英文	七十四分八釐四毫	因動物學不滿六十分降中等
王汝炤	孔滋	貴州印江	三十一	附生	第四類	東文 英文	七十四分三釐四毫	因地學不滿六十分降中等
馮啓豫	逸農	廣東番禺	二十六	監生	第三類	東文 英文	七十四分二釐九毫	因算學不滿六十分降中等
畢培仁	綬珊	直隸深澤	二十五	優廩生	第四類	東文 英文	七十四分二釐九毫	因動物地學不滿六十分降中等
余欽籛	芋禪	湖南武陵	三十	廩貢生	第四類	東文 英文	七十四分二釐九毫	因地學不滿六十分降中等
郭丹成	靈九	四川隆昌	二十七	廩貢生	第一類	東文 英文	七十四分二釐八毫	因中國文學不滿六十分降中等

陳錫琨	研鄉	江蘇江陰	三十三	舉人	第四類	英文	七十四分一釐六毫	因動物學不滿六十分降中等
伍思樂	宮芹	四川巴縣	二十八	附生	第四類	博物東文英文	七十四分一釐三毫	因動物學不滿六十分降中等
何良	艮龕	山西離石	三十一	監生	第四類		七十四分零七毫	因動物植物學不滿六十分降中等
鄧宗	紹元	甘肅循化	三十	廩生	第一類	英文	七十四分零三毫	因外國文學不滿六十分降中等
張炯	星航	湖南武陵	三十	附生	第三類	東文英文	七十四分零一毫	因算學不滿六十分降中等
徐國楨	聘儒	江蘇長洲	三十一	附生	第四類		七十三分九釐五毫	因動物學不滿六十分降中等
謝廷昌	杞枬	福建建安	三十三	廩生	第四類	東文英文	七十三分九釐三毫	因動物地學不滿六十分降中等
孫鼎元	漢卿	奉天義州	三十三	貢生	第四類	東文英文	七十三分八釐九毫	因動植物地學不滿六十分降中等
高鼎文	子瞻	江蘇江陰	三十一	增生	第四類	東文英文	七十三分六釐六毫	因動植物地學不滿六十分降中等
靳瀛旭	曉生	直隸蠡縣	三十四	優廩生	第三類	東文英文	七十三分五釐六毫	因算學不滿六十分降中等
李華	實生	雲南昆明	二十九	廩生	第一類	東文	七十三分二釐五毫	因外國文學不滿六十分降中等
崔學材	孝達	廣東南海	二十八	文童	第三類	東文英文	七十三分二釐三毫	因算學不滿六十分降中等
夏建寅	斗生	安徽太平	二十七	附生	第四類	東文英文	七十三分三釐二毫	因動物地學不滿六十分降中等
李堯勳	煥成	四川資陽	三十	監生	第四類	東文英文	七十三分一釐八毫	因動物植物學不滿六十分降中等
劉善案	樵琴	江西上饒	二十八	附生	第四類	東文英文	七十三分一釐七毫	因動物學不滿六十分降中等

李彩章	煥文	直隸深州	二十六	文童	第一類	東文 英文	七十二分九釐三毫	因動物學不滿六十分降中等
朱崇理	子厚	浙江江山	三十三	文童	第三類	東文 英文	七十二分五釐	因算學不滿六十分降中等
秦銘光	頌石	江蘇金匱	三十一	附生	第四類		七十二分三釐四毫	因動植物地學不滿六十分降中等
李文鼎	羹臣	山東濟寧	二十八	附生	第四類	英文	七十二分一釐九毫	因動植物地學不滿六十分降中等
陳去非	勤菴	湖北黃安	三十三	附生	第四類		七十二分零八毫	因動植物學不滿六十分降中等
苗永年	子久	山東臨淄	三十	監生	第一類	英文	七十二分三釐五毫	因中國文學不滿六十分降中等
楊風穆	雲卿	湖南湘陰	三十一	附生	第一類	英文	七十二分二釐四毫	因外國文學不滿六十分降中等
劉應嵩	峻卿	江西永寧	三十	附生	第一類		七十一分九釐九毫	因外國文學不滿六十分降中等
成林	惠民	蒙古正藍旗	二十五	恩蔭侍衛	第一類		七十一分九釐八毫	因植物地學不滿六十分降中等
夏緯璟	鐵梅	江蘇江陰	二十八	文童	第三類		七十一分九釐三毫	因算學不滿六十分降中等
王道濟	藹亭	湖北通山	二十四	文童	第四類		七十一分五釐四毫	因動植物地學不滿六十分降中等
劉瀚文	籍豐	直隸獻縣	二十七	廩生	第一類	英文 東文	七十一分五釐二毫	因外國文學不滿六十分降中等
王繖燦	焱生	湖北黃岡	二十九	監生	第四類		七十一分三釐二毫	因植物地學不滿六十分降中等
張鴻楷	式菴	山東章邱	二十八	文童	第四類	東文 英文	七十一分二釐九毫	因動物學不滿六十分降中等
鴻鑫	漸逵	滿州正白旗	二十一		第一類	英文	七十一分二釐六毫	因中國文學不滿六十分降中等

蕭秉元	長卿	四川洪雅	二十四	附生	第四類	博物	七十一分二釐五毫	因植物學不滿六十分降中等
定林	靜安	滿州正白旗	三十一	監生	第四類		七十一分二釐一毫	因動植物地學不滿六十分降中等
李鳴鐸	徇瀛	直隸定州	二十九	優廩生	第一類	東文英文	七十一分一釐三毫	因中國文學不滿六十分降中等
俞煚	侃如	浙江蕭山	二十三	文童	第一類		七十一分一釐一毫	因中國文學不滿六十分降中等
吳克昌	熾夫	江西湖口	三十一	增生	第四類		七十一分零三毫	因地學不滿六十分降中等
譚家臨	敦甫	安徽	三十	附生	第一類	英文東文	七十一分零一毫	因外國文學不滿六十分降中等
譚凌雲	衢久	湖南寧遠	三十二	優廩生	第二類	英文	七十分九釐八毫	因動物學不滿六十分降中等
向玉楷	立庭	湖南麻陽	二十六	附生	第一類	英文	七十分九釐三毫	因地理學主課不滿六十分降中等
桂芳	丹五	滿州正白旗	三十四	附生	第四類	東文英文	七十分八釐八毫	因動植物地學不滿六十分降中等
黃枝欣		福建	二十七	文童	第一類	東文英文	七十分七釐七毫	因外國文學不滿六十分降中等
彭觀圭	幼沅	湖南湘陰	三十五	附生	第三類	算學	七十分五釐九毫	因算學不滿六十分降中等
陳文炳	新吾	浙江黃巖	二十七	附生	第四類		六十九分四釐五毫	中等
張樹基	毅甫	廣東開平	二十四	監生	第四類	英文	六十九分三釐一毫	中等
袁世霖	雨蘅	湖北襄陽	二十七	監生	第四類		六十九分三釐一毫	中等
德斌	紹周	滿州鑲紅旗	二十五		第一類		六十八分八釐八毫	中等

張星耀	香譜	廣東開平	二十二	監生	第一類	東文英文		
查振聲	雲浦	安徽涇縣	三十一	文童	第一類	東文英文	六十八分三釐四毫	中等
張壬林	列三 桂笙	湖北南漳	二十四	附生	第二類	德文	六十八分一釐	中等
倫綽	綽如	廣東東莞	二十三	監生	第一類	東文英文	六十八分零六毫	中等
劉勳	堯蓂	貴州貴筑	二十八	附生	第四類	英文	六十七分五釐一毫	中等
德成	子彥	滿洲鑲白旗	二十六	附生	第一類	東文英文	六十七分四釐二毫	中等
楊滺霖	子雨	直隸昌黎	二十七	附貢生	第一類	英文	六十七分三釐五毫	中等
李鍾英	卓然	湖南武岡	三十三	監生	第二類	東文	六十七分二釐三毫	中等
李應謙		雲南	三十一	廩貢			六十七分一釐一毫	中等
黃必芳	夢蘭	貴州銅仁	三十五	附生	第二類	英文	六十六分五釐五毫	中等
汪步霄	吉六	湖北江夏	二十八	監生	第四類	英文	六十六分三釐四毫	中等
侯寅亮	敬初	陝西郃陽	三十五	附生	第三類	東文英文	六十六分二釐八毫	中等
馬效淵	象甫	山西五台	二十八	舉人	第四類	東文英文	六十五分九釐八毫	中等
錫康	襄侯	滿洲鑲白旗	二十三	附生	第一類	東文英文	六十五分八釐七毫	中等
杜師牧	佐卿	浙江青田	二十六	附生	第四類		六十五分八釐六毫	中等

五、京師大學堂預備科第一次畢業獎勵學生一覽（圖表二十）

姓名	字號	籍貫	年齡	入學資格	類別	科別	畢業平均分數	等第
周昌壽	玉江	浙江海寧	二十四	增生	第二類	英文	八十九分五釐三毫	最優等
廖福同	能同	福建侯官	二十四	附生	第二類	德文	八十八分三釐五毫	最優等
王烈	霖之	浙江仁和	二十一	優廩生	第二類	德文	八十八分三釐四毫	最優等
陳其瑗	志廬	廣東番禺	二十三	文童	第二類	英文	八十六分二釐二毫	最優等
張國威	子顯	直隸天津	三十	監生	第三類	英文	六十五分六釐九毫	中等
關徽鈞	叔衡	廣西蒼梧	二十七	文童	第二類	英文	六十五分五釐三毫	中等
姚守文	鳳九	山西臨晉	二十六	優貢	第二類	英文	六十五分三釐五毫	中等
加克恭	子肅	山西稷山	二十八	優廩生	第三類	東文英文	六十四分九釐五毫	中等
趙徽華	蘭亭	漢軍正白旗	二十七		第一類	東文英文	六十二分二釐九毫	中等
劉傳純	一樵	安徽渦陽	三十	拔貢	第一類	東文英文	六十一分九釐八毫	中等
楊昌銘	懋勛	貴州貴陽	三十五	廩生	第二類	東文英文	六十一分八釐五毫	中等

屠敏恒	樾生	浙江鄞縣	二十三	監生	第二類	英文	八十一分五釐六毫	最優等
焦發第	鏡芙	安徽懷寧	二十六	監生	第一類	法文	八十分三釐二毫	最優等
方彥沈	仲棐	安徽桐城	二十七	舉人	第二類	英文	八十五分八釐一毫	最優等
王祖訓	仰先	江蘇丹徒	二十九	附生	第二類	德文	八十二分三釐一毫	最優等
葉秉良	叔眉	浙江慈谿	二十五	廩生	第二類	英文	八十六分三釐一毫	因圖畫不及七十分降優等
陳培源	公澤	福建閩縣	二十五	舉人	第二類	英文	八十六分二釐七毫	因地理不及七十分降優等
張樞	士希	廣東番禺	二十五	文童	第二類	英文	八十五分八釐一毫	因圖畫不及七十分降優等
李文驥	仲甫	廣東番禺	二十四	文童	第二類	英文	八十五分零二毫	因地質礦物圖畫不及七十分降優等
區宗洛	錫余	廣東番禺	二十五	附生	第二類	英文	八十四分九釐	因圖畫不及七十分降優等
胡宗楷	直甫	廣東三水	二十二	文童	第二類	英文	八十四分零九毫	因圖畫不及七十分降優等
譚祖恩	湛溪	貴州平遠	二十七	廩生	第二類	英文	八十二分九釐八毫	因圖畫地質礦物不及七十分降優等
秦炳漢	吉丞	浙江嘉善	二十六	附生	第一類	法文	八十二分八釐三毫	因法學通論地理不及七十分降優等
陳頌芬	懷清	廣東三水	二十七	廩生	第二類	英文	八十二分七釐三毫	因圖畫地質礦物不及七十分降優等
林建倫	理凡	福建閩縣	二十三	監生	第二類	英文	八十二分六釐七毫	因圖畫不及七十分降優等
盧頌芳	熙仲	廣東東莞	二十五	文童	第二類	英文	八十二分三釐五毫	因物理圖畫不及七十分降優等

區國著	述齋	廣東南海	二十四	文童	第二類	英文	七十九分八釐七毫	優等
孫　信	洪卿	浙江仁和	二十一	附生	第二類	英文	七十九分八釐七毫	優等
毛恩旭	曜東	直隸通州	二十六	附生	第二類	德文	七十九分七釐七毫	優等
董嘉會	亨衢	安徽懷寧	二十七	監生	第二類	德文	七十九分四釐二毫	優等
孫時勳	建侯	山西代州	三十	文童	第一類	法文	七十八分一釐二毫	優等
鄭君醴		福建閩清	二十九	附生	第一類	法文	七十七分三釐八毫	優等
陳廷瑩	述田	福建長樂	二十九	監生	第二類	英文	七十六分九釐三毫	優等
溫鴻達	仲升	山東莘縣	二十三	文童	第二類	英文	七十六分二釐八毫	優等
顧寶珽	贊廷	江蘇元和	二十九	附生	第二類	英文	七十六分一釐三毫	優等
林斯高	犂一	福建閩縣	二十八	文童	第二類	英文	七十三分八釐一毫	優等
陳季玉	勉齋	直隸玉田	二十四	附生	第二類	英文	八十二分四釐	因圖畫地質礦物不及六十分改降中等
吳友蘧	孔懷	浙江仁和	二十二	文童	第二類	英文	八十二分二釐五毫	因圖畫不及六十分降中等
區宗濂	敦孟	廣東番禺	二十七	附生	第二類	英文	八十二分一釐二毫	因法學通論不及六十分降中等
李經腴	伯賢	廣東番禺	二十三	文童	第二類	英文	八十一分七釐三毫	因地質礦物不及六十分降中等
李逢宸	翊廷	山東費縣	二十七	監生	第二類	英文	八十一分六釐六毫	因地質礦物不及六十分降中等

李協	宜之	陝西蒲城	二十八	附生	第二類	德文	八十一分四釐六毫	因物理主課不及六十分降中等
韓進之	宗伊	江蘇上元	二十五	監生	第二類	英文	八十一分三釐九毫	因德文不及六十分降中等
雷豫	子厚	湖南南州	二十四	監生	第二類	德文	八十一分三釐七毫	因德文不及六十分降中等
曹數宗	子博	廣東南海	二十七	監生	第一類	法文	八十分六釐三毫	因法文國際公法不及六十分降中等
秦汝欽	劭遠	江蘇金匱	二十七	附貢生	第二類	德文	八十分五釐二毫	因德文不及六十分降中等
陳叔玉	席珍	直隸玉田	二十五	附生	第二類	英文	八十分二釐三毫	因化學圖畫地質礦物不及六十分降中等
伍大光	山斗	廣東新會	二十二	文童	第二類	英文	七十九分九釐四毫	因地質礦物不及六十分降中等
朱聯沅	芷青	浙江海鹽	二十四	附貢生	第二類	德文	七十九分二釐七毫	因德文化學地質礦物不及六十分降中等
秉志	農山	滿州正藍旗	二十四	舉人	第二類	英文	七十九分一釐	因英文不及六十分降中等
麥棠	召芠	廣東香山	二十五	附生	第二類	英文	七十八分九釐六毫	因地質礦物不及六十分降中等
李景言	受正	福建閩縣	二十四	附生	第二類	德文	七十八分八釐六毫	因德文不及六十分降中等
梁鴻志	衆異	福建長樂	二十六	舉人	第一類	法文	七十八分七釐二毫	因法學通論國際公法不及六十分降中等
陳爲銚		福建	二十六	附生			七十九分四釐九毫	因地質礦物不及六十分降中等
蔣夢桃	霽庭	浙江餘姚	二十九	廩貢生	第二類	英文	七十八分四釐六毫	因化學不及六十分降中等
劉鎭中	穀安	福建侯官	二十四	文童	第一類	法文	七十八分四釐四毫	因國際公法不及六十分降中等

沈覲扆	冠生	福建侯官	二十二	優廩生	第二類	英文	七十八分四釐一毫	因英文物理不及六十分降中等
陳器	獻槼	福建閩縣	二十七	文童	第二類	德文	七十八分二釐五毫	因英文物理不及六十分降中等
張宗元	薌蓀	江蘇江寧	三十三	附生	第一類	法文	七十八分八釐三毫	因國際公法不及六十分降中等
馮寶璀	述農	漢軍正白旗	二十九	東文繙譯生	第二類	英文	七十七分六釐一毫	因英文地質礦物不及六十分降中等
陳昭令	子和	直隸玉田	二十五	監生	第二類	英文	七十七分四釐六毫	因英文地質礦物不及六十分降中等
錢家瀚	浩如	浙江仁和	二十五	文童	第二類	英文	七十六分八釐四毫	因圖畫不及六十分降中等
梁光照	臨川	湖北南漳	二十五	附生	第二類	德文	七十六分零二毫	因地質礦物不及六十分降中等
張其眞	紹安	江蘇高郵	二十七	附生	第二類	法文	七十六分零二毫	因法學通論不及六十分降中等
關定波		廣東	二十四	附生			七十五分八釐六毫	因地質礦物不及六十分降中等
吳肇麟	郁周	江蘇長洲	二十九	附生	第一類	政法	七十五分七釐五毫	因物理不及六十分降中等
羅忠懋	勿四	福建閩縣	二十五	文童	第二類	德文	七十五分七釐五毫	因化學不及六十分降中等
蔡洵	雲濤	廣東南海	二十五	文童	第二類	英文	七十五分七釐四毫	因圖畫不及六十分降中等
高珵	佩芝	廣東南海	三十	附生	第一類	法文	七十五分六釐五毫	因國際公法不及六十分降中等
孫祖昌	笙舞	奉天遼陽	二十三	附生	第二類	德文	七十五分六釐三毫	因德文地質礦物不及六十分降中等
周運鈞	菴紹	安徽涇縣	二十五	附生	第二類	英文	七十五分六釐三毫	因地質礦物不及六十分降中等

趙策安	子治	山東壽光	二十九	監生	第一類	法文	七十五分五釐六毫	因法文國際公法不及六十分降中等
陳祥翰	季屛	浙江鄞縣	二十九	附生	第二類	德文	七十五分五釐六毫	因德文物理不及六十分降中等
崔慶鈞	叔和	直隸慶雲	二十六	附生	第一類	英文法文	七十五分四釐七毫	因法文國際公法不及六十分降中等
崇文	賢先	滿洲正藍旗	二十八	舉人	第一類	法文	七十五分三釐四毫	因地理法學通論不及六十分降中等
湯龍驤	展雲	廣東香山	二十五	舉人	第二類	英文	七十五分二釐四毫	因地質礦物不及六十分降中等
司徒衍		廣東開平	二十三	監生	第二類	英文	七十五分零七毫	因地質礦物不及六十分降中等
梁程	君培	廣東新會	二十七	文童	第二類	英文	七十五分零四毫	因英文物理不及六十分降中等
段硯田	端溪	山西襄陵	二十六	廩生	第二類	英文	七十四分七釐三毫	因英文地質礦物等不及六十分降中等
李景堃	次贛	福建閩縣	二十七	副貢	第一類	法文	七十四分五釐四毫	因歷史國際公法不及六十分降中等
曹允江	仲山	湖北江夏	二十五	舉人	第一類	英文	七十四分四釐三毫	因英文圖畫不及六十分降中等
何其樞	璇琴	浙江慈谿	三十	附生	第一類	法文	七十四分三釐九毫	因國際公法不及六十分降中等
林典	百藏	浙江太平	二十九	舉人	第一類	法文	七十四分一釐	因法文國際公法不及六十分降中等
范期顯	一麟	安徽和州	三十一	廩生	第二類	德文	七十四分一釐	因法文化學不及六十分降中等
徐咸泰	壬增	雲南蒙化	二十九	廩生	第二類	法文	七十四分四釐	因國際公法不及六十分降中等
陳兆焜	希堯	廣東番禺	二十四	舉人	第二類	英文	七十三分七釐四毫	因算學物理不及六十分降中等

高普燡	竹軒	陝西榆林	二十六	增生	第二類	德文	七十三分七釐三毫	因德文不及六十分降中等
喻實幹	哲文	浙江黃巖	二十二	文童	第二類	英文	七十三分六釐五毫	因地質礦物不及六十分降中等
張鑑哲	叔濬	河南盧氏	二十五	舉人	第二類	德文	七十三分四釐七毫	因德文物理化學地質礦物不及六十分降中等
莊澤宬	受茲	浙江秀水	二十二	監生	第二類	英文	七十三分二釐八毫	因地質礦物不及六十分降中等
馮友林	宸笙	浙江慈谿	二十九	優附生	第二類	德文	七十三分一釐五毫	因德文地質礦物不及六十分降中等
謝鏡第	用楚	江蘇長洲	二十九	廩生	第二類	德文	七十二分九釐六毫	因德文化學不及六十分降中等
婁敬	德輝	浙江黃巖	二十二	監生	第一類	法文	七十二分八釐九毫	因地理國際公法不及六十分降中等
路晉繼	肯康	河南祥符	二十四	附生	第二類	德文	七十二分五釐八毫	因德文不及六十分降中等
徐惕祥	君介	江蘇嘉定	二十五	文童	第二類	德文	七十二分五釐八毫	因化學地質礦物不及六十分降中等
姚國楨	幼枝	安徽貴池	二十六	監生	第二類	德文	七十二分四釐	因法文圖畫不及六十分降中等
馮士光	曉嵐	貴州平遠	二十七	增生	第一類	法文	七十二分三釐六毫	因法學通論國際公法不及六十分降中等
吳詠麟		福建	二十七				七十二分二釐三毫	因英文圖畫地質礦物不及六十分降中等
王超	懋之	浙江仁和	二十八	附生	第一類	法文	七十二分零七毫	因國際公法不及六十分降中等
王斌	聚之	浙江仁和	二十五	優廩生	第二類	英文	七十一分五釐七毫	因法學通論國際公法不及六十分降中等
周翰	伯清	浙江青田	二十五	附生	第二類	德文	七十一分四釐九毫	因德文化學不及六十分降中等

司徒穎	仲實	廣東開平	二十七	附生	第二類	英文	七十一分一釐八毫	文化學圖畫不及六十分降中等
毓滄	琴瀾	滿洲鑲紅旗	三十一	舉人	第一類	法文	七十一分一釐七毫	因法文法學通論國際公法不及六十分降中等
鄭彤雯	榮齋	直隸天津	二十八	文童	第一類	法文	七十一分一釐	因法文法學通論國際公法理財學不及六十分降中等
彭紹祖	亞科	湖南長沙	二十二	監生	第二類	德文	七十一分	因德文理化地質礦物不及六十分降中等
劉國鈞	君曼	湖南湘陰	二十六	監生	第二類	德文	七十分九釐	因德文理化地質礦物不及六十分降中等
張積誠	眞卿	甘肅河州	二十三	附生	第二類	德文	七十分四釐六毫	因德文化學地質礦物不及六十分降中等
李鈞寰	孝力	廣東歸普	二十四	附生	第二類	英文	七十分四釐四毫	因法文不及六十分降中等
何璿先	桂礎	福建閩縣	二十九	附生	第一類	法文	七十分零四毫	因法學通論國際公法理財不及六十分降中等
李崇業	兆庚	湖南長沙	二十六	監生	第一類	法文	六十九分九釐八毫	中等
鍾啓賢	鍾山	湖南長沙	二十三	雲騎尉	第二類	德文	六十九分九釐	中等
姚人鑑		浙江錢塘	二十三	文童			六十九分七釐三毫	中等
李博	約之	陝西蒲城	三十	附生	第一類	法文	六十九分四釐六毫	中等
李鍾珩		直隸	二十七				六十九分四釐六毫	中等
孫炳元	文卿	甘肅皋蘭	二十九	附生	第二類	德文	六十九分四釐一毫	中等
陳紹虞	南琴	陝西平利	三十三	廩生	第一類	法文	六十九分一釐八毫	中等

劉祖蔭	承之	雲南昆明	二十五	附生	第二類	德文	六十九分一釐	中等
冼繼樸	子勤	廣東南海	二十九	監生	第二類	英文	六十八分九釐四毫	中等
黎惠中	子訓	廣東東莞	二十六	文童	第二類	英文	六十八分七釐	中等
胡宗模	正甫	廣東三水	二十四	文童	第二類	英文	六十七分七釐	中等
陸是元	仲般	江蘇吳縣	三十四	文童	第一類	法文	六十七分三釐	中等
陳麟書	契琴	浙江鄞縣	二十五	附生	第二類	英文	六十七分二釐九毫	中等
袁烱	俠東	江西新昌	二十七	舉人	第二類	英文	六十七分零四毫	中等
喻品衡	劍江	浙江黃巖	二十七	附生	第一類	英文法文	六十七分零一毫	中等
吳定邦	曉谷	江西萍鄉	二十五	監生	第二類	德文	六十六分二釐七毫	中等
劉毓瑤	貢揚	直隸天津	二十二	文童	第二類	英文	六十六分一釐	中等
劉星楠	雲坪	山東淸平	二十八	附生	第一類	法文	六十六分零五毫	中等
汪棨	仲方	安徽旌德	二十五	監生	第二類	英文	六十五分七釐七毫	中等
鄔友能	季賓	浙江奉化	二十一	監生	第二類	德文	六十五分一釐六毫	中等
彭繩祖	佛公	湖南長沙	二十四	監生	第二類	德文	六十三分七釐三毫	中等
常國綸	奉端	湖南衡陽	二十四	監生	第二類	德文	六十三分五釐九毫	中等

六、徵引書目

皇朝道咸同光奏議：王延熙、王樹敏編　六十四卷　光緒二十八年壬寅秋　上海久敬齋石印。

中國近代教育史資料：舒新城編　三冊　民國五十二年十月再版　北京教育出版社印行。

中國近代史資料選輯：楊松、鄧力羣原編　榮孟源重編　一冊　民國四十三年六月　北京生活、讀書、新知三聯書店。

戊戌變法史料：翦伯贊等編　四冊　民國四十四年六月再版　神州國光社出版。

校邠廬抗議：馮桂芬撰　一冊　光緒丁酉歲　聚豐坊校刻　民國五十六年　九月臺北學海出版社影印初版。

近五十年中國思想史：郭湛波著　一冊　民國五十四年二月　香港龍門書店影印初版。

清代學術概論：梁啓超著　一冊　民國五十二年十一月三版　臺灣中華書局印行。

梁任公先生年譜長編初稿：丁文江編　二冊　民國四十七年七月　世界書局印行。

張文襄公全集：張之洞撰　二百二十八卷　民國五十二年　臺北文海出版社據民國二十六年北平楚學精廬本影印。

文獻叢編：二冊　民國五十三年三月　臺聯國風出版社印行。

清朝續文獻通考：劉錦藻撰　四百卷　民國二十五年三月　上海商務印書館。

大清德宗景皇帝實錄：陳寶琛等纂修　五百九十七卷　民國五十三年一月　臺灣華文書局影印發行。

光緒朝東華錄：朱壽朋纂　二百二十卷　民國五十二年九月　臺北文海出版社影印。

大清宣統政紀實錄：七十卷精裝二冊　民國五十三年一月　臺灣華文書局影印發行。

清廷之改革與反動：中華民國開國五十年文獻編纂委員會編纂　二冊　民國五十五年十月　臺北正中書局印行。

光緒政要：沈桐生編　宣統元年　上海崇義堂校印。

清史列傳：八十卷　民國五十三年八月再版　臺灣中華書局印行。

碑傳集補：閔爾昌輯　六十卷，卷首二卷，卷末一卷　民國十二年　燕京大學國學研究所印　四庫善本叢書初編史部。

續碑傳集：繆荃孫編　八十六卷，卷首二卷　宣統二年　江楚編譯書局刊　四庫善本叢書初編史部。

天演論：赫胥黎撰　嚴復譯　一冊　見萬有文庫第二集簡編第八十三冊。

盛世危言增訂新編：鄭觀應撰　八卷　民國五十四年　臺灣學生書局據美國哥倫比亞大學藏本影印。

新政眞詮：何啓、胡禮垣撰　五編　六册　格致新報館印行。
光宣小記：金梁著　一册　民國五十七年六月　臺北廣文書局印行。
國立北京大學廿週年紀念册：一册　民國七年十二月　國立北京大學印行。
奏定學堂章程：敎育部檔案室　一册　光緒二十九年　湖北學務處本。
學部奏咨輯要：三輯　宣統元年春刊　總務司案牘科存本。
京師大學堂前五年暨四年畢業生册表：敎育部檔案室平檔平類國目叁拾玖子目第壹宗。
京師大學堂講義：八册　鉛印本　京師大學堂編。
清末民初洋學學生題名錄初輯：房兆楹輯　一册　民國五十一年四月　中央研究院近代史研究所印行。
桐城吳先生全書：吳汝綸撰　三十册　民國五十三年　臺北藝文印書館影印本。
桐城吳先生日記：吳汝綸著　十六卷　臺北廣文書局印行。
國立北京大學一覽：一册　民國二十三年　國立北京大學印行。
中華民國大學誌：張其昀等著　二册　民國四十三年十一月　臺北中華文化出版事業委員會印行
蔡元培先生全集：孫常煒編　一册　民國五十七年三月　臺灣商務印書館發行。
庚子國變記：羅惇曧等著　一册　民國五十三年二月　臺北廣文書局印行。

教育大辭書：唐鉞、朱經農、高覺敷主編　民國五十三年二月修訂版　商務印書館發行。
中國近七十年來教育記事：丁致聘編　一冊　民國五十年五月　商務印書館發行。
現代政治人物述評：沈雲龍著　一冊　民國五十五年十月　文海出版社印行。
庚子西狩叢談：吳永口述　劉治襄筆記　文海出版社印行　見沈雲龍主編「近代中國史料叢刊第一輯」。
張文襄公年譜：胡鈞撰　一冊　民國五十五年十月　文海出版社印行。
同治中興京外奏議約編：陳弢輯　一冊　文海出版社印行　見沈雲龍主編近「代中國史料叢刊第十三輯。」
中國思想史：東京大學中國哲學研究室編　一九六七年九月第十六版　東京大學出版會印行。
學制を中心とせる支那教育史：周予同著　山本正一譯　昭和十八年十二月　東京開成館印行。
東洋教育史：梅根悟等編　一冊　一九六三年二月　東京御茶の水書房印行。
近世中國教育史研究：林友春編　一冊　昭和三十三年三月　東京國土社發行。
戊戌政變記：梁啓超撰　九卷　民國五十三年　臺北文海出版社影印本。
學部官報：光緒三十三年至宣統三年（缺第一至十二期）。
教育雜誌：宣統元年至民國元年。

東方雜誌：光緒三十年至民國元年。
政治官報：附內閣官報　光緒三十三年至宣統三年。
萬國公報：光緒二十四年　上海美華書館校印　臺北華文書局影印。
北京新聞彙報：八冊　光緒二十七年四月至十一月　民國五十六年八月　文海出版社影印。
時務報：汪康年、梁啓超主編　五十六冊　光緒二十二年七月至二十四年六月　民國五十六年五月　臺灣華文書局影印。
新民叢報：第一年第一號至第四年第二十四號　民國五十五年十月　臺北藝文印書館影印。
國民日日報：上海國民日日報館　光緒二十九年六、八兩月份　民國五十四年五月　臺灣學生書局影印。
清議報：梁啓超、馮鏡如等編輯　光緒二十四年十一月至光緒二十七年十一月　民國五十六年五月　臺北成文出版社印行。
湘報類纂：唐才常、譚嗣同等撰　二冊　民國五十七年十二月　大通書局影印。
江蘇：江蘇同鄉會發行　光緒二十九年　東京並木活版所印。
俄事警聞：癸卯十月　上海俄事警聞社編輯　見羅家倫主編「中華民國史料叢編第十二輯」。
歷史研究：歷史研究編輯委員會編　第九期　民國四十七年九月　北京科學出版社。

戊戌百日維新的教育改革及其影響··呂士朋撰 「東海學報」第七卷第一期 民國五十四年六月 臺中東海大學出版。

Benjamin Schwartz: In Search of Wealth and Power. Yen Fu and The West. Harvard University Press. Cambridge, Massachusetts. 1964.

Biggerstaff Knight: The Earliest Modern Government Schools in China. Cornell University Press. Ithaca, New York. 1961.

Joseph R. Levenson: Confucian China and Its Modern Fate. A Trilogy University of California Press Berkeley and Los Angeles. 1968.

The North China Herald and Supereme Court & Consular Gazetle. Shanghai. 1898–1899.

A HISTORY OF CHING SHIH TA SHÜEH T'ANG (former Peking University)

CH'I-FAH CHUANG

Ching Shih Ta Shüeh T'ang was derived from Ching Shih Kuang Shu Chü, which was formerly Ching Shih Ch'iang Shüeh Huei. During the seventeen years from the planning and preparation to its conversion into the National Peking University after the establishment of the Republic, the history of Ching Shih Ta Shüeh T'ang can be divided into two periods: the first period has five years, from 1896 to 1900, being a hard time of establishment. The school was inaugurated hastily during the time of political disorder when the coup d'état of 1898 had just failed. The enrolment did not reach the expected number, rules and regulations were insufficient and unclear. The next twelve years from 1901 to 1912 was the second period, the period of extending and developing. During these years, the Peking court has improved in attitude toward the school. After two years of interruption caused by the Boxer Rebellion, the school reopened with renewed efforts in reformation. Regulations were amended, funds were raised, buildings were put up and extended. The school thus went its way toward completion.

In modern Chinese history, the time toward the end of Ch'ing Dynasty was a time of transition, transition from the old to the new. The contemporary Chinese intellectuals both conservatives and reformists recognized the superiority of Western material progress. The reformists advocated a nation-wide reform, to bring the nation into a wealthy and

powerful modern state. In order to preserve the traditional Confucianism on the one hand and to ward off the opposing power of conservatives on the other hand, they presented a new theory called "Chung T'i Hsi Yüng", meaning Chinese learning for the fundamentals and Western learning for practical use. Ching Shih Ta Shüeh T'ang was the first modern Chinese university established to receive and carry on this new and advanced theory. It became a theoretic foundation for the school, from the time of its inauguration in winter, 1898, in deciding on its educational goal and academic system, and in selecting text books. Under this common concept of "Chung T'i Hsi Yüng", with the same purpose and the unanimous action, the reformists were able to present a total and systematic reformation plan, making Ching Shih Ta Shüeh T'ang to be a big melting pot for Chinese and Western learning. Courses of both Chinese and Western studies were able presented in the school. A student graduated from the old Chinese examination system of K'o-chü was able to receive both traditonal ethical instruction and modern scientific education simultaneously.

In later Ch'ing Dynasty, "Chang San Shih", meaning the unfolding of the three epochs and the theory of evolution proved to be complementary to each other; thus, giving "Chung T'i Hsi Yüng" a further fundamental ground in its principle. As a faster way of producing useful citizens, the intellectuals of late Ch'ing Dynasty advocated a new idea of education: to cultivate morality with the unalternable principles of righteousness handed down through generations by Chinese sages; to instruct the mind with modern practical sciences imported from the West; and to strengthen the body with military training and physical exercises. To lay equal stress on ethical, mental and physical trainings marks the

fundamental difference of the new educational policy from the old.

As education was not quite widespread at the time when Ching Shih Ta Shüeh T'ang was established, the students enrolled were largely graduates from old K'o-chü system. Meanwhile, K'o-chü system had not been abolished and the new system of official appointment had not been established, the modern educational system had to go along side by side with the old K'o-chü system. The graduates of Ching Shih Ta Shüeh T'ang were given official positions according to the academic grades. By so doing, the old rigid official appointment system was loosened and on another hand education could become gradually widespread in the country. Moreover, since Ching Shih Ta Shüeh T'ang was located in the political center of the nation—Peking, it was much convenient to assemble the manpower and material resources for the undertaking of educational reform. Its large amount of funds, big and grand buildings, fine equipments and strickly organized system were unsurpassed by other schools in the whole nation. Viewing from the point of its being a pioneer and vanguard of modern Chinese education, Ching Shih Ta Shüeh T'ang certainly presents a great significance of the age.